LES

Œuvres de Guerre

DU

SYNDICAT d'INITIATIVE du FOREZ

Comité fédéral départemental de la Loire et
Comité municipal de St-Étienne d'Assistance aux Prisonniers

ŒUVRE DU " SOLDAT AU FRONT "

Septembre 1914 — Mai 1919

Emploi de
Deux millions quatre cent soixante dix mille francs
(2.470.000)

Saint-Étienne — MAI 1919

SYNDICAT D'INITIATIVE DU FOREZ

LES

ŒUVRES

DE

GUERRE

SEPTEMBRE 1914 . . . . 1919 . . .

Imprimerie KASTNER, La Terrasse

LES

ŒUVRES DE GUERRE

DU

SYNDICAT D'INITIATIVE DU FOREZ

A l'heure où la Victoire met un terme à l'existence de nos Œuvres de Guerre il nous paraît que, nous devons aux Bienfaiteurs de ces Œuvres, à leurs Collaboratrices et à leurs Collaborateurs qui pendant plus de quatre longues années ont prodigué leur temps, leur énergie, leur dévouement jamais lassé, qui ont "tenu" jusqu'au bout, il nous a paru, dis-je, que nous devions leur donner le plus fidèlement possible le compte-rendu des résultats obtenus par ces Œuvres.

**

Lorsque en 1906, au mois d'octobre, avec quelques amis, nous fondions le Syndicat d'Initiative du Forez, nul de nous ne pouvait prévoir que l'heure viendrait où, délaissant l'Œuvre de Paix qui consistait à faire connaître au loin le beau pays du Forez, à convier les voyageurs, les Touristes français et étrangers à visiter notre belle province, à leur réserver un accueil cordial et confortable, nous serions appelés à diriger nos efforts vers des Œuvres de Guerre.

**

Chacun se souvient que, dès les premiers mois de Guerre, à l'approche du premier hiver de la lutte qui devait hélas ! se poursuivre pendant quatre autres hivers, une anxiété cruelle envahit nos cœurs ; nos Soldats, que nous n'appelions pas encore nos Poilus, risquaient de se trouver démunis des vêtements qui devaient leur être si nécessaires pour résister au froid, à la pluie, à la neige, aux intempéries.

***

Se faisant l'interprète de ces sentiments M. Louis Mathieu, Secrétaire Général honoraire du Syndicat d'Initiative faisait dès le 25 septembre 1914 publier dans les journaux locaux l'appel suivant :

" Des tricots pour nos Soldats "

« L'hiver s'annonce précoce. L'humidité et le froid vont survenir.

« On demande des tricots pour nos enfants qui se battent pour la France ; il faut leur en donner et ne pas tarder.

« Que dans chaque maison les femmes travaillent sans relâche à cette pieuse besogne.

« On vous a déjà dit qu'il fallait des tricots à manches montant jusqu'au cou, assez longs pour garantir les reins et le ventre, munis de boutonnières sérieuses et de boutons bien cousus ; la couleur et la qualité de la laine important peu.

« Je demande au Syndicat d'Initiative du Forez, 3, rue de la Préfecture, de prendre l'initiative de cette Œuvre de toute première nécessité et urgence. Là, on centralisera les dons et les envois et dans un mois au plus tard, avant si c'est possible, je solliciterai de l'autorité militaire un laisser-passer pour moi et une réquisition de transport pour les tricots qui nous seront remis et je les porterai à nos trois régiments, où qu'ils soient alors, jusqu'aux avant-postes s'il le faut ; Dieu veuille que ce soit alors en Allemagne.

« Donc, femmes de France, toutes à l'œuvre ; ce sont des centaines et des centaines de tricots qu'il nous faut.

Que celles qui savent et peuvent tricoter se mettent au travail sans une heure de retard, que les autres achètent des tricots. Nos Soldats en seront ainsi munis avant le 1er novembre ; qui peut dire le nombre de vies précieuses qui seront ainsi sauvées ; qui sait si le vêtement que vous nous aurez ainsi remis ne servira pas à votre mari, à votre fils, à votre frère ?

« Ces jours derniers, alors qu'il faisait beau je voyais sur nos places et promenades bien des femmes qui brodaient ou faisaient de la tapisserie ; je leur demande d'abandonner ce travail pour un travail plus utile, plus pressant, plus sacré.

« Et si, dans chaque ville, on fabrique des tricots pour les régiments de sa garnison, bientôt tous les soldats de France en seront munis ».

Louis MATHIEU,

Secrétaire général honoraire

du

Syndicat d'Initiative du Forez.

Cette initiative eut le succès qu'on devait attendre de la généreuse population de Saint-Etienne ; trois jours plus tard des " tracts " étaient imprimés et répandus en grand nombre et qui portaient la recommandation et les signatures de M. Ch. Lallemand, Préfet de la Loire, Général Boell, commandant d'armes, Jean Neyret, Maire de St-Etienne et qui étaient ainsi conçus :

Des vêtements d'hiver pour nos Soldats

« Le Syndicat a pris l'initiative de réunir la plus grande quantité possible de vêtements d'hiver pour les Soldats qui se battent pour la France.

« Il sollicite ardemment tous les concours, tous les dévouements, toutes les générosités.

« Il prendra d'accord avec les autorités civiles et militaires, toutes les dispositions nécessaires pour assurer la plus rapide distribution des objets qui nous serons remis et, principalement, aux régiments de notre région.

— 8 —

« Nous acceptons les tricots, chemises, ceintures de flanelle, chaussettes, etc., etc...

« Il faut que tout cela nous soit remis avant le 20 octobre; c'est à cette date, au plus tard, que les envois partiront pour le front.

« Une permanence est établie au siège du Syndicat 3, rue de la Préfecture (dans la cour) où sont déposés les modèles ».

NOTA. — Le Syndicat reçoit aussi des dons en espèces qui seront employés exclusivement à l'achat de vêtements de laine et, si c'est possible, aux salaires des personnes qui voudront exécuter les travaux de tricotage.

STÉPHANOISES, FORÉZIENNES, FRANÇAISES,

« Répondez à l'appel que vous trouverez ci-contre et qu'ont bien voulu honorer de leur haute, précieuse et patriotique approbation le Préfet de la Loire, le Général Commandant d'Armes, le Maire de la Ville de St-Etienne.

« N'ayez pas d'autres préoccupations ni d'autres occupations que de fournir aux Soldats de la France de quoi braver un peu les rigueurs de l'hiver qui s'avance.

« La broderie et la tapisserie sont œuvres de la Paix ; vous les reprendrez après la Victoire.

« Ce serait grande pitié, je vous assure, que de voir quelques-unes d'entre vous se livrer à ces travaux frivoles tandis que nos enfants ont besoin de tricots ou de chaussettes.

« Notre appel a déjà été entendu ; avant même qu'il soit officiel ; les dons ont afflué.

« C'est par centaines que les objets demandés nous ont été apportés ; c'est par *MILLIERS* que nous les voulons.

« Tous les jours et principalement entre trois et quatre heures, vous trouverez à notre siège social des dames dévouées qui vous montreront ce qu'il faut faire et comment on peut le faire.

« Que les personnes qui ne peuvent faire autrement nous apportent de l'argent avec lequel nous ferons travailler celles qui ne peuvent nous donner que leur bonne volonté ce sera un moyen de soulager, en même temps, quelques laborieuses misères.

« *PEUT-ÊTRE* (?), et si l'autorité militaire veut bien écoutant mes pressantes prières, m'autoriser à convoyer jusqu'au front vos dons et vos envois, pourrai-je porter dans quelques régiments — vos lettres ou votre argent pour les vôtres qui sont au combat ».

Louis MATHIEU,
Secrétaire Général du Syndicat d'Initiative.

Et le jour même où cet appel était lancé les dons se mirent à affluer en telle quantité qu'il fallut recruter en hâte un personnel nombreux pour en assurer la réception, le classement, l'emballage.

Les dons affluaient et, d'autre part, des Collaboratrices et des Collaborateurs se présentaient pour assurer ces services et, chose réellement admirable, nous retrouvons à la fin de la Guerre les mêmes personnes et les mêmes dévouements et qui n'ont cessé leur OEuvre admirable que lorsque la Guerre a cessé elle-même.

Nos OEuvres de Guerre ainsi instituées ont continué pendant cinquante mois à fonctionner sous le titre du Syndicat d'Initiative du Forez, mais, comme il faut bien rendre à chacun ce qui lui revient, nous devons constater que parmi les Collaborateurs volontaires n'a jamais figuré, en dehors du signataire de ce rapport, un seul membre du Syndicat à tel point que, lorsqu'il fallut faire la déclaration prescrite par la loi du 30 mai 1916 et fournir les Statuts de l'OEuvre et le nom de ces administrateurs nous fûmes contraints de faire la déclaration présente au seul nom de M. Louis Mathieu sans pouvoir, évidemment, fournir les statuts qui n'existent pas; arrêté ministériel en date du 25 janvier 1917 a sanctionné cette déclaration et autorisé nos OEuvres à fonctionner sous cette forme et cette administration.

Nous sommes néammoins heureux et fiers d'avoir abrité ces OEuvres sous le patronage du Syndicat d'Initiative ; cela nous a valu la confiance et la sympathie de tous, et grâce au développement de ces OEuvres, à la publicité énorme qui en est résultée, non seulement dans notre région, mais encore dans la France entière, en Suisse, et, ... peut presque dire dans le monde entier, nous aurons ainsi contribué à faire connaître au loin le renom de notre petite Patrie.

Nous devons cependant dire que le Syndicat d'Initiative du Forez a encore contribué au succès des OEuvres de Guerre en les abritant, dès la première heure dans ses bureaux.

Il est vrai que, rapidement, ces locaux devinrent insuffisants et que, de 25 mètres carrés occupés à la première heure, nous avons dû progressivement porter à plus de 500 mètres carrés la surface des bureaux et magasins nécessaires à nos divers services ; et nous profitons de cette constatation pour adresser nos sincères remerciements à MM. A. Colcombet et Georges Faure et à Mme Satre qui ont mis gratuitement, pendant de longs mois des locaux importants à notre disposition.

*
* *

Ci-dessous nous donnerons le détail des opérations diverses mais il nous semble que nous devons faire un chapitre spécial de cette première partie de nos OEuvres.

Les vêtements pour nos Soldats

Au cours l'hiver 1914-15

Dans notre appel du 28 septembre 1914 nous disions à nos concitoyens que nous devions nous hâter et qu'il fallait que les vêtements qu'ils préparaient parviennent à nos Soldats pour le 20 octobre suivant.

Et, de fait, pour cette date qu'il semblait imprudent de fixer aussi rapprochée, c'est par dizaines de milliers que partirent d'innombrables colis pour les régiments ou unités qui comprenaient des soldats de notre région.

Dès le premier jour ce fut dans nos magasins, alors trop étroits; qu'affluèrent de toutes parts les dons : tricots, caleçons, chemises, chaussettes, ceintures de flanelle, cache-nez, passe-montagnes, mouchoirs, gants, gilets de flanelle, serviettes, plastrons couvertures, que sais-je encore.

Nous avions espéré pouvoir dénombrer la quantité de ces vêtements divers, nous reculons devant l'immensité de la tâche que cela nous eut imposée ; il faudrait des semaines pour relever sur nos registres d'entrée tout ce que nous avons reçu.

Qu'il nous suffise de constater que tous pauvres ou riches ont comblé de leurs générosités nos vaillants Soldats.

Ce qu'il y eut de particulièrement touchant ce fut l'empressement que d'innombrables dames mirent à tricoter sans relâche, d'innombrables tricots et chaussettes ; la plupart de ces objets étaient garnis de paquets de tabac, de cigares, de cigarettes, de chocolat, et beaucoup de donatrices y joignaient, pour les destinataires un mot d'admiration et d'encouragement. Ce qu'ils importe de signaler c'est que plus de 2.000 tricots et près de 10.000 paires de chaussettes tricotés à la main nous furent remis.

Nos envois furent faits principalement aux 16e, 38e, 238e, 216e, 305e régiments d'infanterie, 14e dragons, 13e section de brancardiers, 2e, 5e, 16e régiments d'artillerie, 1er, 11e, 30e, 52e bataillons Alpins, 2e, 8e, régiment de Génie, 99e et 102e régiments territoriaux et aussi à la noble Armée Belge.

Parmi les souvenirs qui nous restent de ces journées nous nous souviendrons toujours du convoi de dix automobiles bondées à en craquer qui porta à Montbrison les vêtements destinés aux 16e et au 216e ; il en fut de même pour les 38e et 238e et 14e régiment de dragons. Ces envois faits par gros colis portaient une étiquette ainsi conçue :

« Ces vêtements sont le produit de la souscription
« ouverte par le Syndicat d'Initiative du [...].

« Ils ont été tricotés, achetés et offerts par les
« Dames du Forez et les envois préparés par les
« Dames de Saint-Etienne.

« Puissent-ils apporter quelques soulagements et
« quelques douceurs à ceux qui se battent si vaillam-
« ment pour la France ».

Nous voudrions publier ici les touchantes lettres de remerciements qui nous furent envoyées par les chefs de ces différents corps ?

Dans l'impossibilité de les publier toutes nous nous bornons à extraire de ce véritable livre d'or les quelques lettres suivantes :

Le chef de Bataillon COSTEMALLE, Commandant le
dépôt du 38ᵉ Régiment d'Infanterie,

J'ai l'honneur de vous accuser réception des vêtements et
sous-vêtements chauds, que vous avez eu la générosité de
me faire parvenir.

Ces vêtements ou sous-vêtements, comprennent 150 tricots,
200 chemises, 90 caleçons, 100 cache-nez, 480 paires de chaussettes, 72 gilets flanelle, 120 ceintures de flanelle, 90 passe-
montagnes, 60 paires gants, 11 paquets individuels, chocolat,
mouchoirs, tabac, pipes etc,

Croyez Monsieur, que je suis très sensible aux marques
de sympathie que vous avez pour nos chers Soldats du front.

13ᵉ RÉGION   *St-Etienne, le 21 octobre 1914*
PLACE DE ST-ÉTIENNE

38ᵉ RÉGIMENT D'INFANTERIE

Le Chef de Bataillon COSTEMALLE, Commandant le
dépôt du 38ᵉ Régiment d'Infanterie,

J'ai l'honneur de vous accuser réception de sept ballots
de vêtements que vous avez eu la générosité de me faire
parvenir.

Ces ballots contenaient :

600 paires de chaussettes, 400 gilets de flanelle, 50 sous-
vêtements, 120 caleçons, 70 cache-nez, 200 tricots, 300 ceintures de flanelle, 200 chemises, 120 passe-montagnes, 40 paires de gants et 15 paquets individuels.

Je tiens à vous remercier bien sincèrement de votre
dévouement à notre noble cause et de l'empressement que
vous avez mis à réunir pour nos chers Soldats du front, des
lainages et sous-vêtements chauds qui leur permettront de
braver les rigueurs de la température, comme ils ont su braver les balles de l'ennemi.

St-Etienne, le 23 octobre 1914.

38ᵉ Régiment d'Infanterie

Le Chef de Bataillon COSTEMALLE, Commandant le dépôt du 38ᵉ Régiment d'Infanterie,

J'ai l'honneur de vous accuser réception des vêtements et des sous-vêtements suivants que vous avez eu la générosité de me faire parvenir :

  270 chemises flanelle coton ;
  60 gilets de flanelle ;
  170 caleçons tricots ;
  80 sous-vêtements en molleton de laine ;
  100 cache-nez ;
  60 passe-montagnes ;
  780 paires de chaussettes ;
  320 tricots ;
  360 ceintures de flanelle ;
  40 paires de gants ;
  102 couvertures ;

Conformément à vos indications, ces objets seront expédiés incessamment au 38ᵉ régiment d'Infanterie en campagne.

Veuillez croire, Monsieur le Président, que je suis très sensible à vos marques de sympathie et de bonté pour nos braves soldats, qui luttent si vaillamment.

38ᵉ Régᵗ D'INFANTERIE
LE COLONEL

Aux Armées, le 22 mars 1915.

Monsieur le Président,

J'ai l'honneur de vous accuser réception du colis contenant : 10 tricots, 10 caleçons, 160 paires de chaussettes, 12 mouchoirs, 20 cache-nez, 10 paires de genouillères, que votre Comité a eu la gracieuseté d'envoyer à mon régiment.

Je m'empresse de vous exprimer toute la reconnaissance de mes soldats pour l'attention si délicate de leurs compatriotes du Forez, et j'ajoute qu'ils sauront se montrer à hauteur de la bonne réputation que le 38ᵉ a acquise depuis le début de la campagne.

38ᵉ RÉGᵗ D'INFANTERIE.   *Aux Armées, le 23 mars 1916.*

LE COLONEL

Monsieur,

J'ai effectivement reçu les 3 colis relatés par votre lettre du 18 avril et je me suis hâté d'en faire la répartition entre les unités du Régiment.

Je n'ai pas besoin de vous dire combien tous ces objets ont été les bienvenus et au nom de tous je vous prie d'agréer l'expression de notre gratitude en vous demandant de la partager avec tout le Syndicat d'Initiative du Forez, qui, au cours de cette guerre s'est montré si attaché à nos soldats.

Je vous envoie également au nom de tout le 38ᵉ les vœux que vous voulez bien nous adresser pour notre prompt et glorieux retour.

Je ne doute pas qu'ils se réalisent ; après les avoir arrêtés à Verdun nous ne doutons pas de les pousser un jour hors de chez nous.

38ᵉ RÉGᵗ D'INFANTERIE   *Aux Armées, le 23 mars 1917.*

LIEUT.-COLONEL AUGIER

Monsieur le Secrétaire Général,

Les trois colis viennent de nous parvenir ; j'en ai fait la vérification.

Toutes les gâteries renfermées dans vos colis ont été des plus appréciées par nos poilus et par leurs commandants d'unité qui vous adressent leurs remerciements et vous prient de les transmettre au Syndicat d'Initiative du Forez qui s'est déjà tant prodigué.

Ces attentions touchent infiniment venant de compatriotes dont ils apportent le souvenir fraternel et patriotique. Aussi je ne saurai trop vous dire combien je vous en suis reconnaissant.

•••oOOo•••

St-Etienne, le 18 octobre 1914.

Monsieur,

J'ai l'honneur de vous adresser l'expression de mes remerciements les plus sincères, pour le don si généreux que le Syndicat d'Initiative du Forez a bien voulu faire au dépôt du 14ᵉ Dragons.

Grâce à cette libéralité les cavaliers du Régiment vont recevoir mardi non seulement les vêtements chauds si nombreux que vous m'avez envoyés, mais encore les gâteries auxquelles les mères et les sœurs ont participé ; votre don est d'autant plus précieux pour nous que beaucoup de nos hommes sont des régions envahies, leurs parents chassés momentanément de chez eux, n'ont pas les moyens de leur venir en aide actuellement.

Les 200 tricots, les 100 chemises de flanelle, les 100 caleçons, les 180 ceintures de flanelle, les 80 paires de gants de laine, les 60 passe-montagnes, partis hier pour le front arriveront mardi.

Vos donateurs et vous, Monsieur, pouvez facilement vous imaginer la joie de ceux qui recevront vos dons et qui auront l'agréable surprise de trouver en plus, le tabac, le chocolat, le savon et les mouchoirs joints à chacun des effets dont je me suis fait un plaisir de vous énumérer la liste.

13ᵉ RÉGION   *St-Etienne, le 2 novembre 1914.*
DÉPOT DU 14ᵉ DRAGONS
        Nº 79

Le Chef d'Escadrons BONJEAN,

Monsieur,

Vous êtes vraiment tout à fait bon de penser encore à nous. Grâce à votre générosité le Régiment est maintenant pourvu et nous avions déjà compris les escadrons détachés à la 63ᵉ Division dans nos envois.

A ceux qui étaient à Lyon je n'avais cru faire d'envois,

— 14 —

mais en présence de votre offre, je pourrais leur faire porter
de 300 à 350 collections, si la générosité des Stéphanois me
permet de faire un si sérieux prélèvements sur votre stock.

13e RÉGION   *St-Etienne, le 6 novembre 1914.*
DÉPOT DU 14e DRAGONS

Le Chef d'Escadrons BONJEAN,

Monsieur,

Permettez-moi de vous remercier du gracieux envoi que
vous venez de me faire parvenir pour les cavaliers du
14e Dragons. Grâce à vous ces braves cavaliers seront largement pourvus de vêtements chauds pour passer l'hiver
mais ce qui les touchera le plus c'est de voir le souvenir que
vous conservez d'eux et l'attention avec laquelle vous
suivez leurs faits et gestes.

Les 130 tricots, 40 gilets, 90 chemises, 80 cache-nez,
300 paires de chaussettes, 90 passe-montagnes, ces paquets
individuels garnis de chocolat et de cigarettes feront l'objet
d'un prochain envoi sur le front, et je me ferai un devoir de
dire à mon colonel que c'est au gracieux concours du Syndicat d'Initiative du Forez que nos cavaliers doivent de recevoir toutes ces bonnes choses offertes par les Stéphanois
auxquels je vous demande de dire de notre part à tous un
très sincère merci.

Le Colonel DE TARRAGON   SECTEUR 142
COMMANDANT
LE 14e RÉG' DE DRAGONS   *Aux Armées, le 26 janvier 1916.*

Monsieur le Président,

J'ai l'honneur de vous accuser réception des dons nombreux que vous avez bien voulu adresser aux militaires du
14e Dragons.

Ces dons ont été les bienvenus : mes hommes seraient
heureux de pouvoir vous remercier, mais je prends la chose
à mon compte, et, en leur nom à tous je vous exprime leur
sentiment de reconnaissance.

Capitaine de Descablac   Le 29 janvier 1916.

Monsieur,

J'ai reçu hier pour mon escadron le colis contenant les
cadeaux offerts par le Syndicat d'Initiative du Forez ; je
vous remercie pour mes hommes de cette touchante attention.
J'en ai fait bénéficier les plus pauvres d'abord, les plus méri-
tants ensuite en passant en premier à ceux dont les familles
sont restées dans les départements envahis par l'ennemi ou
dans la zone des armées, soumise à tout le poids de la Guerre.

Ceux-là en effet ne reçoivent rien ou presque rien des leurs
dont la situation est si douloureuse et si difficile, en opérant
comme je l'ai fait j'ai cru répondre au secret désir du Syndicat.

Veuillez, Monsieur, trouver ici l'expression de mes remerciements les meilleurs, mes hommes qui, en grande majorité
sont de la Loire ou des départements voisins sont heureux
de voir combien la petite Patrie pense à eux. Ils travaillent
de leur mieux et de tout leur cœur à libérer le sol national et
à hâter la Victoire, ils sont patients parce qu'ils sont forts,
et ils sont forts parce qu'ils se sentent soutenus par l'affection du pays. Cette affection, Monsieur, vous la leur avez
témoignée. Ils l'ont sentie et je suis heureux de vous en
remercier pour eux tous, vous assurant à notre tour de tous
les sentiments que nous gardons pour le beau pays du Forez
où nous avons laissé ceux que nous aimons et qui nous
attendent après le triomphe.

Capitaine de Descablac   Le 17 mars 1916.

Monsieur,

Je suis bien en retard et j'aurais voulu vous remercier
depuis mon retour de permission du superbe cadeau que
vous avez bien voulu faire à mon escadron.

Mais j'ai eu peu de temps à moi, et je profite d'un
moment de liberté pour vous dire le succès avec lequel le
phonographe a été accueilli, tous les soirs le répertoire y
passe ; et il va falloir que je me préoccupe d'avoir de nouveaux disques. Merci pour mes hommes des quelques
moments de plaisir que vous leur procurez, et je vous en
redis toute ma reconnaissance et tous mes remerciements.

Il est bon de nous distraire de temps en temps, et grâce
à votre générosité je peux le faire.

Monsieur,

J'ai reçu et distribué aux intéressés le colis que vous avez bien voulu me faire adresser.

J'en ai fait personnellement la répartition pensant d'abord à nos petits soldats des pays envahis, si défavorisés, et de ce fait très dignes d'intérêt et de compassion.

Oh! ils ne se plaignent, ni de l'impossibilité où ils se trouvent de ne recevoir aucune nouvelle et douceur des leurs, qui souffrent cruellement sous la férule de l'envahisseur maudit, ni de la trop longue occupation de leurs malheureuses villes ou villages, mais ils n'en pensent pas moins et portent au cœur une blessure qui ne se cicatrisera que lorsqu'ils auront contribué prochainement à chasser de France ces brutes immondes.

En attendant, ils travaillent en silence à préparer la grande chevauchée qui mettra fin à la guerre unique dans l'histoire.

Je vous prie de bien vouloir accepter tous leurs remerciements, ceux de leurs officiers auxquels je joins les miens très empressés.

J'ai pu me rendre compte sur place de la beauté et du désintéressement de " l'Œuvre patriotique " que vous dirigez si bien, à laquelle vous consacrez le meilleur de vous même ne ménageant ni vos peines, ni votre temps.

J'ai pu également apprécier le zèle, le dévouement et l'empressement de ces dames et demoiselles qui contribuent pour une large part à cette belle Œuvre.

Les profanes ne sauront jamais ce que votre Comité a fait et fait encore chaque jour pour soulager et venir en aide à tant de malheureux, victimes de la Guerre.

Je vous demande, Monsieur, de bien vouloir transmettre à votre personnel, l'expression de mes respectueux sentiments et, pour vous, Monsieur, encore mes meilleurs remerciements avec mes bons souvenirs.

Le 1er décembre 1914.

Monsieur,

Le Lieutenant-Colonel Maillard, très occupé par ses fonctions de Chef de Corps, me prie d'être son interprète auprès de vous et auprès de tous les membres du Syndicat d'Initiative, auprès de tous les généreux donateurs, pour vous remercier bien vivement ainsi qu'eux tous, en son nom personnel et au nom de tout le régiment des nombreux colis, joignant l'utile à l'agréable qui sont parvenus par votre intermédiaire et vos soins au 238e.

Le Colonel, de nombreux officiers, sous-officiers et soldats du Régiment, ont adressé par la voix de la presse locale, leurs remerciements aux dévoués Stéphanois et aux charmantes Stéphanoises qui ont contribué à l'achat de tous ces colis.

Chaque distribution fut une petite fête ; les soldats en revenaient les bras chargés de lainages bien chauds qui les mettaient à l'abri du froid qui commence à faire sentir ses morsures, serrant une pipe, du tabac, du chocolat, les petits cadeaux divers que de gentilles attentions avaient fait joindre aux envois, avec parfois une dédicace charmante mais hélas ! trop souvent anonyme.

Et le souvenir de la petite Patrie, se matérialisant, était plus vivace dans le cœur de chacun, il est bien permis de songer parfois, souvent même à elle quand on se bat pour la grande.

Maintenant grâce à ses dons généreux tous les soldats du 238e sont amplement pourvus de vêtements de laines.

Le 15 janvier 1916.

Je vous remercie tout particulièrement de l'activité inlassable que vous montrez pour nous venir en aide.

Je vous remercie d'autant plus chaleureusement que grâce à vos attentions répétées vous avez contribué à maintenir chez nos soldats ce moral élevé qui les distingue et leur permet de supporter des fatigues qui sans lui dépasserait les limites du possible.

238ᵉ Régᵗ D'Infanterie   *Le 3 juillet 1916.*

Le Lieut.-Colonel

    Cher Monsieur,

Je tiens à vous remercier moi-même du précieux envoi que vous venez de faire encore au Régiment.

Je me suis fait un devoir et un plaisir de remettre moi-même à mes soldats les pipes, les couteaux, les nombreux paquets de tabac qui provoquèrent chez tous le premier sourire après les fatigues de notre séjour à Verdun.

Je n'ai pas manqué de dire que tout cela provenait du Syndicat d'Initiative que vous dirigiez et d'attirer l'attention de tous sur la générosité Stéphanoise.

16ᵗ et 216ᵉ Régᵗ D'Inᶠᵗ   *Montbrison, le 21 octobre 1914.*

    Monsieur le Président,

Au nom des deux régiments de Montbrison 16ᵉ et 216ᵉ je ne saurais trop vous remercier de la sollicitude dont votre Syndicat a fait preuve envers nos courageux soldats qui combattent dans le Nord.

Je vous exprime au nom de tous, mes sentiments de parfaite reconnaissance. Merci, aux personnes qui ont bien voulu envoyer toutes ces douceurs, qui sont certainement très appréciées par nos braves défenseurs.

Je vous donne en même temps reçu des quantités de vêtements et objets divers énumérés ci-dessous :

258 chemises flanelle coton, 58 gilets de flanelle, 158 caleçons tricots, 160 sous-vêtements en molleton, 103 cache-nez, 61 passe-montagnes, 728 paires de chaussettes laine, 90 tricots laine à la main, 326 tricots laine, 368 ceintures de flanelle, 40 paires de gants fourrés, mouchoirs, serviettes, tabacs, papier à cigarettes, pipes, chocolat, 150 couvertures à répartir, soyez certain que tous ce qui fait partie de cette

énumération recevra exactement la distribution que vous voulez qu'on lui donne.

Tout cela sera emporté par les renforts qui iront au front et remis entre les mains des Chefs de corps.

16ᵉ Régᵗ d'Infanterie *Beuvraignes, le 2 novembre 1914.*

Monsieur le Président,

J'ai l'honneur de vous faire connaître que le 2ᵉ bataillon du 16ᵉ d'Infanterie a reçu :

190 paires de chaussettes, 12 chemises, 32 tricots, 42 jerseys, 18 mouchoirs, 18 serviettes, 6 caleçons, 10 cache-nez, du papier à cigarettes, du tabac, des cigarettes, quelques pipes, — du chocolat, du savon et autres menus objets.

Je suis l'interprète de tous mes hommes pour remercier le Syndicat d'Initiative du Forez de son généreux envoi qui est hautement apprécié.

Nous occupons la moitié du village, les Allemands l'autre moitié. C'est vous dire qu'il n'y a pas une imprudence à commettre dans cette lutte pied à pied, maison par maison.

Si la lutte est chaude, la température commence à être rigoureuse. Votre envoi ne pouvait être dans ces conditions que le bienvenue, et je puis vous donner l'assurance que s'il apportera du bien-être à nos vaillants petits soldats, il ne contribuera pas moins à réchauffer leur énergie.

En leur nom je remercie les dames du Forez et celles de St-Etienne des soulagements apportés dans une épreuve aussi cruelle. Elle peuvent être fières de leurs fils, frères, maris ou fiancées ; tous font vaillament leur devoir et conservent la suprème espérance, celle de la Victoire.

16ᵉ Régᵗ d'Infanterie *Aux Armées, 2 novembre 1914.*

LE COLONEL

Monsieur le Président,

J'ai été extrèmement touché des délicates intentions qu'ont eues les dames du Forez en envoyant aux hommes de mon régiment des effets de laine et des effets destinés à accroître leur bien être.

Tous ces dons leur seront précieux, moins par l'usage qu'ils sont appelés à en faire, que par la pensée qui en a inspiré l'envoi.

Au nom de tout mon régiment, officiers et soldats je vous remercie, Monsieur, et, je remercie les Dames du Forez de leur patriotique générosité.

Je vous remercie également pour les éloges que vous adressez au 16ᵉ, et que ses vaillants ont bien mérité. Ils ont été prodigues en effet de leur sang et de leurs peines.

16ᵉ et 216ᵉ Régᵗ d'Infᵗᵉ   *Montbrison, le 8 nov. 1914.*

Monsieur,

Je vous suis profondément reconnaissant de penser toujours à nos braves soldats du 16ᵉ et du 216ᵉ.

Je vous remercie de votre offre, grâce aux dons de votre généreux Syndicat, nos hommes supportent les fatigues de la tranchée ajoutées aux rigueurs de la saison.

Montbrison, le 13 novembre 1914.

Monsieur le Président,

Veuillez agréer toute notre reconnaissance pour vous et votre Comité. Votre inlassable sollicitude pour le bien-être de nos hommes, vous donne droit à notre gratitude qui vous est entièrement acquise, croyez le bien.

Montbrison, le 13 novembre 1914.

Monsieur,

C'est avec le plus grand plaisir que le Corps a reçu les vêtements chauds que vous avez voulu nous apporter à destination des 16ᵉ et 216ᵉ Régiments d'Infanterie.

Deux détachements de renfort étant partis hier et aujourd'hui pour le front ont emportés avec eux tout ce que vous nous avez remis. C'est vous dire que d'ici 48 heures tout sera distribué.

Je suis sûr d'être l'interprète de mes hommes en vous adressant en leur nom mes plus sincères remerciements.

Le *17 novembre 1914*

Cher Monsieur,

J'ai l'honneur de vous accuser réception des vêtements d'hiver dont vous m'annonciez l'envoi par votre si aimable lettre du 21 Octobre 1914.

Je ne saurais trop vous remercier, au nom des soldats de mon régiment et en mon nom personnel, de cet acte de générosité qui est l'expression touchante des âmes charitables du Forez.

Vous voudrez bien faire part, aux personnes qui ont coopéré à la confection de ces vêtements, de toute ma satisfaction, et leur témoigner ma reconnaissance la plus vive. Vous pouvez être convaincu que les braves soldats du 216ᵉ, mis au courant par mes soins de la qualité des donateurs, sauront eux aussi apprécier les sentiments des personnes qui s'efforcent d'atténuer pour eux les rigueurs de la Guerre, et se rendre dignes par leur bravoure de l'intérêt que leur porte la population du Forez.

Henri GUILLOT

ADJUDANT

1ᵉʳ BATAILLON, 16ᵉ INF.

Aux Armées, 25 novembre 1914.

Monsieur le Président,

J'ai l'honneur de vous accuser réception des effets que vous m'avez si aimablement envoyés ; j'en ai fait la distribution du mieux possible.

Avec tous ceux que vous mettez à l'abri des intempéries, nous vous disons du fond du cœur, MERCI.

Soyez sûrs chers compatriotes que vos efforts ne sont pas vains.

•••○○•••

16ᵉ Rég' D'Infanterie   *Aux Armées, le 13 mai 1910.*

LE COLONEL

Monsieur le Président,

En réponse à votre lettre en date du 22 février, j'ai l'honneur de vous faire connaître que les deux ballots que vous m'annoncez sont parvenus au Régiment fin avril.

Les objets qu'ils contenaient et que vous avez bien voulu offrir généreusement aux militaires du 16ᵉ, ont été distribués à des soldats nécessiteux n'ayant pas de familles ou méritant par leur vaillance.

En leur nom et au nom de tout le Régiment je vous prie d'agréer mes sincères remerciements.

102ᵉ Rég' Territorial   *Le 16 novembre 1914.*

3ᵈ Bataillon

(Extrait du rapport du commandant Perreau, commandant le 3ᵉ bataillon du 102ᵉ territorial).

Par les soins du Commandant, et proportionnellement aux efforts des compagnies, il a été distribué ce matin : 88 chemises, 38 caleçons, 53 tricots, 194 paires de gants, 11 flanelles, 37 ceintures de flanelle, 56 mouchoirs, 25 cache-nez, 12 serviettes, et 67 articles de fumeurs.

Ces dons généreux dont le produit d'une souscription ouverte par le Syndicat d'Initiative du Forez, 3, rue de la Préfecture à Saint-Etienne.

Les vêtements ont été tricotés achetés et offerts par les Dames du Forez, et les envois préparés par les Dames de Saint-Etienne. Ces nobles femmes se proposent d'apporter ainsi des soulagements et des douceurs aux défenseurs de la Patrie.

Le 16 novembre 1914.

Le Lieutenant-Colonel, Commandant le 102ᵉ Régiment Territorial d'Infanterie,

Le Lieutenant-Colonel Salel, commandant le 102ᵉ Régiment Territorial, aux armées, remercie bien sincèrement

M. le Président et MM. les membres du Syndicat d'Initiative du Forez du don des vêtements et objets divers
qu'ils ont bien voulu faire à son régiment et les prier d'agréer
l'expression de ses meilleurs sentiments.

P. TÉZENAS DU MONTCEL
LIEUTENANT
AU 102ᵉ TERRITORIAL
1ᵉʳ BATAIL. 3ᵉ COMP.

Des tranchées du Bois de la
Cuche, 30 novembre 1914.

Mon cher Président,

Les Officiers, Sous-Officiers et Soldats de la 3ᵉ Compagnie du 102ᵉ territorial me prient d'être leur interprète
auprès de vous et de vous remercier des généreux et utiles
cadeaux que vous leur avez fait. Ils n'avaient pas besoin de
ce témoignage pour être certain que l'affection et la générosité des Stéphanois ne les oubliaient pas, mais ils n'en ont
pas moins été profondément touchés de voir que l'on pen-
sait ainsi à eux.

Les excellents tricots et les chaudes chaussettes confectionnés par les mains des bonnes Françaises les aideront à
se préserver du froid dans les tranchées.

Ils supporteront beaucoup leurs souffrances et leurs fatigues en songeant à la chaude affection et à la sollicitude
que leur témoigne leurs compatriotes. Les soldats du 102ᵉ
sont presque maintenant de vieux guerriers, endurcis solides
et que les obus des boches n'effraient pas du tout. Ils espèrent bien avoir l'occasion de le montrer d'une façon plus
active l'un de ces jours et je puis assurer en leur nom nos
amis de Saint-Etienne, que ce jour là ils sauront tous faire
leur devoir.

Henri SERRE, capitaine
Commandant
LA 5ᵉ COMP. DU 99ᵉ TER.

Le Puy, le 26 décembre 1914

Monsieur le Président,

Les paquets individuels et les ballots d'effets dont vous
m'annonciez l'envoi par votre lettre du 18 décembre nous
sont parvenus hier.

Ils ont été accueillis avec bonheur par vos compatriotes qui sont aujourd'hui amplement pourvus d'effets chauds et qui ont même voulu, je tiens à vous le dire, faire participer à cette distribution ceux de leurs camarades des autres régions qui étaient dans le besoin. Les friandises si ingénieusement mélangées aux objets utiles jetteront une note de gaieté aux repas de ce jour.

J'ai recommandé à mes soldats d'adresser des remerciements individuels aux personnes bienfaisantes dont nous avons pu découvrir le nom et l'adresse sur quelques objets.

Je viens néammoins, Monsieur le Président, en vous accusant réception de vos colis, vous féliciter de nouveau de votre belle initiative et vous réitérer les sentiments de gratitude que je vous ai transmise dans ma précédente lettre.

Le 27 décembre 1914.

Monsieur,

Ils ont été aussitôt distribués aux soldats de la 5e Compagnie du 93e venus des 102e et 103e Territoriale.

Qu'il nous soit permis, Monsieur, de vous confirmer ainsi qu'aux généreux donateurs, en notre nom personnel et en celui de tous nos frères d'Armes, la reconnaissance que nous avons pour un aussi gracieux envoi !

Soyez assuré que si les gâteries que vous nous avez adressées nous ont fait le plus grand plaisir, nous avons surtout apprécié les bons vêtements que nous devons à la générosité de votre Syndicat. En nous préservant des morsures du froid, ils nous mettent à même de mieux remplir le devoir sacré qui nous incombe.

Le 1er janvier 1915.

COMMANDANT DU 2e BATAILLON DU 102 TERRITORIAL

Monsieur le Président,

Je suis véritablement bien touché des marques de sollicitude patriotique que nous donne la ville de Saint-Etienne et ses différentes sociétés.

Au nom des Officiers, des Sous-Officiers et de tous les hommes de troupe du 2e Bataillon que j'ai l'honneur et la fierté de commander, je vous remercie beaucoup ainsi que le Syndicat d'Initiative du Forez, de votre Souvenir à l'occasion de la nouvelle année et de l'envoi des douceurs que vous nous avez fait.

Mais, dites, je vous prie, à vos enfants que ce n'est pas à eux de gâter leurs papas et même leurs grands-papas ; ils sont déjà suffisamment privés de leurs étrennes.

C'est bien à nous dont ils tiennent le jour de leur montrer la pratique du devoir qui leur est enseigné, de leur conserver le titre de Français et de leur assurer une vie paisible pour qu'ils la puisse consacrer au travail d'où renaîtra la prospérité du Pays.

102e Régt Territorial   *Aux Armées, le 5 janvier 1915.*
        3e Bataillon

Commandant Perreau

Monsieur,

De nouveau, le Syndicat d'Initiative du Forez, a fait parvenir des douceurs aux soldats du 102e Territorial, le Régiment de Saint-Etienne. De nouveau, je me fais un plaisir de vous adresser leurs chaleureux remerciements. Veuillez les agréer et les transmettre aux petits garçons et aux petites filles qui font si noblement l'apprentissage de la bienfaisance et du Patriotisme.

102e Régt Territorial   *Le 20 février 1915.*

Capitaine Tézenas
        du Montcel

Monsieur le Secrétaire,

J'ai bien reçu le précieux colis que m'annonçait votre lettre et que je viens de distribuer.

Je ne saurais trop vous remercier d'une aussi intelligente initiative. Grâce aux dons incessants que nous recevons de toute part, et que vous savez intelligemment canaliser, nos soldats n'ont pas trop souffert des rigueurs de l'hiver, qui se sont traduites dans cette région par de nombreux jours de pluie et peu de neige.

Certes nos braves territoriaux de la subdivision de Saint-Etienne n'ont pas besoin d'être remontés dans leur patriotisme. Je puis vous assurer que les attentions que l'on a eues pour eux leur ont été sensibles, car ils voient que toute la nation s'unit à eux pour les soutenir, les fortifier, ainsi à la défense du territoire, ou plutôt à sa libération.

P. Tézenas du Montcel
Capitaine
AU 102ᵉ TER. 4ᵉ COMP.

SECTEUR POSTAL Nᵒ 153

Le 6 avril 1915.

Cher Monsieur,

Il faut encore que je vous remercie. Je viens de recevoir du Syndicat d'Initiative du Forez, un nouvel et généreux envoi pour mes hommes : chaussettes, caleçons, chemises, mouchoirs, etc... sans compter les petites gâteries glissées dans vos paquets.

Tout cela a été distribué de suite et reçu — avec quelle joie ! — par les poilus de la 4ᵉ compagnie. Vous pensez bien, cher Monsieur, qu'après huit mois de campagne et six mois de tranchées, caleçons, chemises et chaussettes s'usent d'autant plus que nos hommes ne se sont pas déshabillés depuis leur départ, sauf pour aller à la douche ! Institution bienfaisante même en hiver dont nous ont doté nos médecins par ici.

Aussi vos précieux effets ont trouvé des amateurs.

Merci encore, cher Monsieur, à vous et à tous ceux et toutes celles qui s'occupent ainsi de nos braves soldats.

SECTEUR POSTAL 104

Capitaine TÉZENAS
DU MONTCEL

Le 21 mars 1916.

Cher Monsieur,

J'ai reçu hier le volumineux et précieux ballot adressé par les soins du Syndicat d'Initiative du Forez à mes poilus de la 4ᵉ Compagnie et je viens vous en remercier du fonds du cœur.

Chaussettes, tabac, pipes, douceurs de toute espèce ont fait bien des heureux ; nous sentons d'autant plus le prix de votre attention que la guerre est plus longue, plus pénible, et que beaucoup de nos concitoyens — qui n'en souffrent guère — sont quelquefois bien près d'oublier les souffrances et les dangers de ceux qui sont au front.

Aucun de ceux-là ne se trouvent au Syndicat d'Initiative du Forez, je le savais depuis longtemps.

Sergent PERRAUD
99e TERRITORIAL, 1re Cie   Le 6 mars 1916.

Monsieur le Président,

J'ai l'honneur de vous annoncer l'arrivée hier 5 courant
du colis annoncé par votre lettre du 20 janvier. Les camarades Stéphanois du 102e affectés au 99e Territorial seront
heureux de recevoir de la ville noire un souvenir. Aussi je
fais de mon mieux pour faire participer l'envoi aux 35 camarades gagas, à tous j'ai remis quelque chose.

Le Lieutenant DELCROS
COMMANDANT   Aux Armées, le 2 mars 1916.
LA 1re COMP. DU 102e TER.

Monsieur,

Je reçois à l'instant le ballot annoncé par votre lettre du
22 écoulé.
Le contenu était conforme à la liste que vous m'avez fait
parvenir.
J'ai organisé une petite tombola et réparti les objets de
façon à ce que chaque homme de ma Compagnie ait sa
petite part.
Je suis l'interprète de tous mes soldats en vous transmettant
leurs remerciements les plus chaleureux auxquels j'ai le
grand plaisir d'ajouter les miens.

Lieutenant DELCROS
102e TERRITORIAL   Aux Armées, le 25 juillet 1916.

Monsieur le Secrétaire général,

J'ai l'honneur de vous accuser bonne réception du colis
que vous m'avez fait parvenir par l'intermédiaire du dépôt
de Saint-Etienne.
Laissez-moi d'abord vous remercier sincèrement de ce
gracieux et important envoi ; le tout a été distribué aux
hommes de ma compagnie par voie de tombola ; pendant
l'opération ils étaient heureux de convoiter les lots offerts par
votre générosité. En leur nom je vous remercie du moment
de joie que vous leur avez procuré et du bien-être qu'ils
ressentiront de tous ces objets utiles.

4ᵉ Cⁱᵉ DU 300ᵉ RÉG. TER. *Aux Armées, le 23 janvier 1916.*

Monsieur le Président du Syndicat d'Initiative,

Le retour de permission de notre bon Commandant de Compagnie, M. le Lieutenant Faure, nous ménageait une bien agréable surprise. Ce sympathique officier avait bien voulu se charger de nous apporter les gâteries de la généreuse population stéphanoise.

Au nom de tous les hommes de la Compagnie nous vous remercions bien sincèrement, Monsieur le Président, des nombreux paquets que vous nous avez envoyés?

Les braves poilus du front sont heureux de penser que ceux de l'arrière ne les oublient pas et que par tous les moyens, ils essaient de rendre moins dure leur séjour dans les tranchées.

Le Lieutenant LUTENDU
COMMANDANT *Sur le front en Alsace le 5 nov. 1914*
LA 8ᵉ COMP. DU 6ᵉ BATAIL.
DE CHASSEURS

Monsieur le Président,

J'ai l'honneur et le plaisir de vous remercier de tout cœur du généreux envoi d'effets qui, par votre intermédiaire m'est parvenu hier pour mes chasseurs.

Beaucoup d'entre eux qui sont vos compatriotes et les miens (car je me considère comme un bon gaga, habitant St-Etienne depuis 11 ans) vous remercieront personnellement. mais je tiens à être l'interprète de tous pour vous dire qu'elle a été la joie de mes hommes lorsqu'ils ont vu que du sein de cette France pourlaquelle ils combattent de tout leur cœur, il leur venait un peu de bien-être. N'en doutez pas, Monsieur, et dites le bien aux personnes généreuses qui se sont jointes à vous, c'est un redoublement de courage, un renouvellement d'ardeur que vousavez envoyé à nos bons chasseurs. Ils n'ont jamais reculé devant le danger, jamais ils n'ont marchandé leur vie ; désormais ils seront plus braves encore, car ils sauront, que là-bas, dans leur petite Patrie, on pense à eux et on s'inquiète de leur santé.

Grenoble, le 28 octobre 1914.

Le Capitaine POILLEUX, Commandant le dépôt du
28ᵉ Bataillon de Chasseurs à pied,

Monsieur,

J'ai l'honneur de vous accuser réception des effets que les
Dames Foréziennes ont bien voulu envoyer à nos braves
chasseurs qui sont actuellement sur le front.

Tous les ballots accompagnés par deux convoyeurs arriveront à destination dans un temps relativement court.

La répartition sera faite dans les conditions que vous
m'avez indiquées.

A l'arrivée de toutes ces surprises qui augmenteront leur
bien-être, nos chasseurs éprouveront une très grande joie, j'en-
suis d'autant plus certain que j'en ai déjà fait la constatation
dans des circonstances semblables.

Je vous prie de vouloir bien transmettre les remerciements
de tous nos chasseurs aux Dames Foréziennes.

Grenoble, le 27 décembre 1914.

Le Capitaine PAILLEUX, Commandant les dépôts
des 28ᵉ Bataillon de chasseurs actifs, 68ᵉ Bataillon de Chasseurs de réserve, 4ᵉ Bataillon de
Chasseurs,

J'ai l'honneur de vous accuser réception de quatre caisses
pour le Noël du Soldat, dons de Mme Lutendu et vous en
remercie sincèrement.

Les quatre caisses ont été expédiées sur le front au
4ᵉ Bataillon de chasseurs Territorial le 24 décembre 1914.

D. A. V.

47ᵉ DIVISION   *Le 11 mars 1915.*

3ᵉ BRIG. DE CHAS. ALPINS

52ᵉ Bᵒⁿ DE CHASSEURS

Monsieur le Président,

De la part des Chasseurs du 52ᵉ Bataillon j'ai l'honneur
de vous adresser mes plus vifs remerciements pour votre
gracieux envoi du mois de Février.

Le Chef de Bataillon Roux, Commandant le Dépôt
du 105ᵉ Régiment d'Infanterie,

Monsieur le Président,

J'ai l'honneur de vous accuser réception d'un ballot de
vêtements de 68 kilos, adresser à M. le Sous-Lieutenant
Bosmorin-Lasseau, du 305ᵉ, par la mère de cet Officier.

Cet envoi que je suppose être celui annoncé par votre
lettre du 25 courant, a été remis au dépôt le 29, comme pro-
venant de Clermont-Ferrand.

Il est expédié aujourd'hui même à destination du 305ᵉ.

305ᵉ D'INFANTERIE

1ʳᵉ SECTION DE MITRAIL.   Ambleny, le 30 décembre 1914.

Monsieur le Président,

J'ai l'honneur de vous écrire ces quelques lignes pour
vous adresser mes bien sincères remerciements ; au sujet des
objets que j'ai reçu, d'après la distribution qui a été faite du
colis que vous avez bien voulu envoyer au 305ᵉ d'Infanterie.

C'est avec une grande joie que j'ai reçu tous ces objets
qui étaient confectionnés avec beaucoup de générosité.

4ᵉ GÉNIE

Lieut. Georges MATHIEU

Notre Compagnie étant revenue pour quelques jours des
tranchées, j'ai pu distribuer commodément ce matin les deux
ballots d'effets envoyés par le Syndicat d'Initiative du Forez.

Comme d'habitude ces effets ont été accueillis avec joie
par nos troupiers. Ces derniers m'ont chargé de transmettre
avec leurs remerciements l'expression de leur gratitude à
l'égard des généreuses donatrices qui réussissent à atténuer
les inconvénients obligatoires d'une longue compagne.

Après les fatigues de la tranchée, ils sont heureux de
pouvoir se vêtir de bon linge neuf.

Grâce aux envois successifs d'effets par le Syndicat d'Initiative les hommes ont pû affronter les rigueurs de l'hiver et la sollicitude dont ils sont l'objet ne peut qu'accentuer leur volonté de vaincre.

Georges MATHIEU.

13ᵉ CORPS D'ARMÉE

16ᵉ RÉGᵗ D'INFANTERIE

Issoire, le 27 octobre 1914.

Monsieur le Président,

Nous avons l'honneur de vous accuser réception des huit colis que vous avez bien voulu nous adresser.

Nous vous accusons donc réception des huit ballots pesant ensemble 393 kilos, mais nous ne pouvons vous accuser-réception des quantités d'effets inscrit sur votre bordereau du 25 octobre. Nous pourrons vous faire savoir que vos colis partiront d'Issoire, pour le front, vendredi 30 courant.

Nous vous remercions de votre envoi, et nous exprimons toute la reconnaissance de nos braves poilus qui se battent avec plus d'énergie et de courage en pensant aux personnes généreuses qui les suivent par le cœur.

Capitaine MAYOT   SECTEUR 73

2ᵉ Cⁱᵉ DE MITRAILLEUSES

49ᵉ BRIGADE   *Aux Armées, le .. février 1916.*

Monsieur,

Je viens de recevoir aujourd'hui le colis dont vous m'annonciez l'expédition le 26 Janvier. Je vous en remercie bien sincèrement au nom de mes hommes et au mien; vous ne sauriez croire la joie qu'éprouvent nos soldats dans la tranchée lorsqu'ils voient qu'on ne les oublie pas et certes les objets, si bien choisis, de votre colis le leur montre bien.

Capitaine MAYOT   *Aux Armées, le 1ᵉʳ mars 1916.*

Monsieur,

Je n'ai reçu qu'hier le colis que vous aviez eu l'amabilité de m'envoyer lors de ma dernière permission à St-Etienne. Il y a un mois déjà.

Malgré le retard dû aux causes que vous savez, il m'est arrivé en très bon état et, a fait la joie de mes hommes, qui, après la terrible attaque à laquelle ils ont eu l'honneur de prendre part, avaient grand besoin de réconfort (non pas moral) mais matériel.

Merci Monsieur, merci au Syndicat du Forez, qui ne se doute pas du bonheur de nos hommes, lorsqu'ils constatent qu'ils ne sont pas oubliés, et, je puis vous l'affirmer méritent qu'on ne les oublie pas.

Capitaine MAYOT   *Aux Armées, le 21 avril 1916.*

Monsieur,

Je viens de recevoir successivement les deux ballons dont vous m'annonciez l'envoi, je vous en remercie bien sincèrement et croyez que vous avez fait de mes hommes des heureux. Les voici qui vont bientôt reprendre les tranchées, lorsqu'ils seront à l'arrière je suis certain de leur assurer une distraction qui sera pour eux un véritable entraînement grâce aux ballons que nous devons à votre générosité.

Capitaine MAYOT   *Aux Armées, le 27 septembre 1916.*

Cher Monsieur,

C'est d'un abri boche conquis ces jours derniers par nos admirables poilus que je vous envoie tous mes remerciements pour le magnifique colis reçu il y a quatre jours seulement, au lendemain de notre vigoureuse attaque.

Je n'ai pas besoin de vous dire quel plaisir vous avez fait à mes hommes, le moment ne pouvait être mieux choisi et j'ai eu le temps d'en faire la distribution avant de ne revenir aux tranchées, celles que nous avions conquises.

Vous ne sauriez croire quel effet moral a produit sur mes hommes une semblable distribution, ils voudraient vous écrire eux-mêmes pour vous remercier, mais comme le temps leur manque, et, comme moi, il faut les excuser, je me fais leur interprète auprès de vous, mais je ne puis que vous affirmer, une fois de plus, qu'ils méritent bien qu'on s'occupe d'eux, que jamais on ne fera assez pour le fantassin Français.

— 33 —

Manonville, le 8 janvier 1915.

Monsieur,

J'ai l'honneur de vous accuser réception du gracieux envoi que vous avez bien voulu faire au nom du Sergent Pignal, votre compatriote, qui fait partie du détachement de sapeurs télégraphistes dont je suis le chef.

Le Sergent Pignal s'est empressé d'en faire la distribution. Je me fais l'interprète de tout le détachement pour vous remercier très sincèrement de la délicate attention du Syndicat dont vous êtes l'heureux secrétaire Général.

L'envoi était tellement abondant qu'il nous a permis de contenter largement tout le détachement, soyez persuadé que vous avez fait quantité d'heureux. Pour vous prouver toute leur gratitude, ils m'ont demandé l'autorisation de signer cette lettre, chose à laquelle je me suis fait un plaisir de donner satisfaction.

Je puis vous assurer, Cher Monsieur, que cette simple signature renferme l'expression la plus franche des sentiments de profonde et sincère reconnaissance.

Veuillez avoir la bonté de nous servir d'interprète auprès de tous ceux qui ont contribué à la confection des nombreux colis composant votre envoi pour leur transmettre nos sincères remerciements. Soyez certain que leur envoi a été apprécié par nos sapeurs qui opèrent en première ligne.

87ᵉ RÉGᵗ D'INFANTERIE
1ʳᵉ COMPAGNIE

9 Janvier 1915.

Monsieur,

En retournant, pour quelques jours, au repos avec ma Compagnie, je trouve le volumineux paquet que votre Société a eu la générosité de nous faire envoyer.

Cet envoi est tombé à pic après un certain nombre de séjours dans les tranchées. Tous ont donc été très heureux de se ravitailler ; et aussi tous ont été très heureux de l'attention, du sentiment qui a inspiré votre geste.

C'est au nom de tous, en même temps qu'au mien, que je viens adresser mes remerciements bien vifs.

COMMANDANT
LIEUT.-COL. GARNIER
LE 36ᵉ COLONIAL

Aux Armées, le 3 mai 1915.

Monsieur le Président,

J'ai l'honneur de vous accuser réception des deux colis d'effets et d'objets divers offerts au Régiment, don gracieux dû à la générosité patriotique des habitants du Forez.

Les Foréziens sont nombreux au 36ᵉ Colonial ; ils ont été d'autant heureux de recevoir ces objets, qu'ils ont évoqué en eux les doux souvenirs du Pays et que beaucoup porteront des effets confectionnés par des mains qui leur sont chères.

Je me fais l'interprète du Régiment tout entier pour remercier sincèrement tous ceux qui se sont intéressés à votre Œuvre. Soyez persuadé que les vaillants "gars de la Loire" sauront continuer à se rendre dignes des attentions qui leur sont témoignées.

Lieut. Henri COTE
87ᵉ Régᵗ D'INFANTERIE

Le 15 Juin 1915.

Cher Monsieur,

Au nom de toute ma compagnie, je vous remercie de votre bonté. Tout a été distribué aux hommes des pays envahis et je vous assure que vous avez fait des heureux... Je vous prie de bien vouloir remercier chaleureusement de ma part Messieurs les membres du Syndicat.

Le 15 Juin 1915.

L'Officier d'Administration CHANTELOUVE,
gestionnaire de l'Ambulance 1-85.

Monsieur le Président,

J'ai reçu il y a trois jours l'énorme colis de chemises caleçons, serviettes, tabac, savon, etc... que vous avez eu l'obligeance de m'envoyer.

Le médecin chef et mes camarades de l'Ambulance se joignent à moi pour remercier votre Syndicat de sa générosité. Votre envoi est le plus important que nous ayons jamais

— 35 —

reçu. Grâce à vous nous voici approvisionnés pour quelque temps, d'effets à distribuer aux malades et aux blessés qui nous arrivent généralement dans une tenue lamentable. Nous avons toujours une moyenne de 70 malades en traitement à l'Ambulance et cela depuis six mois, à quelques kilomètres du front. C'est vous dire, Monsieur le Président, quels sont nos besoins et la nécessité où nous nous trouvons de frapper à la porte de tous nos amis pour nous procurer un peu du linge supplémentaire et des douceurs qui permettent d'améliorer un peu l'ordinaire de ces pauvres soldats qui donnent leur sang pour la Patrie.

489ᵉ SECTION AUTOMOB.
T. M. par le B. C. M.   *Jeudi, 17 Février 1916.*

Bien Cher Monsieur,

S'il vous avait été possible d'entendre mardi à 800 kilomètres, vous auriez constaté que l'on vous acclamait à la 489ᵉ section automobile.

Je vous certifie que vous avez fait des heureux, maillots, cache-nez, passe-montagnes, papier à lettres, tabac, jambons, chocolat etc... ont été les bien-venus.

D'ailleurs vous recevrez les remerciments collectifs de nos braves poilus. Si, tous les Français remplissaient leur devoir comme vous le faites, les boches seraient chez eux depuis longtemps, il est vrai que vous faites plus que votre devoir, bien que votre modestie ne veuille pas toujours en convenir.

F. THIOLLIER
Convois automobiles   *Le 22 Février 1916.*

Cher Monsieur,

Je viens de recevoir le gros colis que le Syndicat veut bien encore m'adresser pour les soldats des pays envahis. Permettez-moi de vous en remercier. Avec cette recrudescence de froid, il arrive bien à propos.

Les douceurs seront également appréciées de ces pauvres gens qui n'en connaissent d'aucune sorte depuis bien des mois. Un certain nombre d'entre eux sont déjà entrés en correspondance avec le Syndicat par l'intermédiaire duquel ils espèrent avoir des nouvelles des leurs. Merci de tout cela à vous et à vos collaborateurs.

F. THIOLLIER
Convois autom. 4ᵉ Armée   *Le 26 Janvier 1916.*

Monsieur le Président,

J'ai l'honneur de vous accuser réception et de vous remercier du colis que vous avez bien voulu m'adresser pour le soldat du front sans famille ou des régions envahies.

J'en ai déjà distribué une partie et vous avez fait des heureux.

Le Lieutenant DREYFUS
COMMANDANT
LA 2ᵉ COMP. DE MITRAIL.
DE LA 312ᵉ BRIGADE   *Le 20 Mars 1916.*

A Monsieur le Président du Syndicat d'Initiative,

Nous vous remercions bien sincèrement pour votre envoi.

Nos mitrailleurs et muletiers ont été heureux de recevoir effets, objets divers, pipes et tabac, rien ne manquait.

86ᵉ Régᵗ D'ARTILLERIE
1ᵉʳ GROUPE
SECTEUR POSTAL Nᵒ 501   *Le 24 Mars 1916·*

Monsieur le Secrétaire Général,

Je reçois l'important ballot que vous avez bien voulu m'adresser et que vous m'aviez annoncé par votre lettre du 22 Février.

La distribution en a été faite, et tous les objets, en raison de leur solidité et de leur excellent choix, ont été fort appréciés.

Commandant MACHERET
SALONIQUE   *Le 28 Mai 1916.*

Monsieur le Président,

J'ai reçu et fait distribuer à mes hommes tout ce que contenaient les deux colis que vous avez bien voulu me faire parvenir.

Je m'empresse de vous remercier tant au nom de mes poilus qu'au mien et de vous dire toute la joie du'ils ont eue, au retour d'un service d'avant-postes, pénible, à trouver un Souvenir de la terre de France.

LES SOLDATS DE LA 3ᵉ Cⁱᵉ
DU 86ᵉ RÉG. D'INF.   *Aux Armées, le 14 Janvier 1917.*

Monsieur le Président,

En maintes circonstances il nous a été distribué des objets de toutes sortes, tous de première nécessité pour le Poilu : « tabac, pipes, papier à cigarettes, cartes postales, crayons, blagues à tabac, couteaux, briquets, ballons de foot ball, » etc... Ces dons, que nous valent les relations de notre capitaine (M. le capitaine Mayot) à St-Etienne sont dus à la générosité des membres du Syndicat d'initiative du Forez.

Un dernier est venu nous apporter de très utiles étrennes. Pour ce colis et pour tous les autres qui l'ont précédé, nous venons vous remercier bien sincèrement.

Merci pour vos nombreux cadeaux, merci aussi pour l'idée qui s'y rattache ; vous avez compris nos souffrances et nos besoins et vous vous êtes ingénié à satisfaire ceux-ci et à celles-là.

Merci.

Croyez en échange à notre entier dévouement gardiens vigilants de l'honneur de la Patrie nous ne faillirons pas à notre tâche et lorsque nous rentrerons dans nos foyers ce sera la tête haute avec la satisfaction du devoir accompli et la joie de la Victoire.

Albert DUTHOIT   *Ce 31 Mars 1916.*

Cher Monsieur,

Un superbe colis que vous m'annonciez dans votre lettre du 22 Février m'est arrivé ces jours derniers, avec un gros retard il est vrai, dû aux événements, mais en très bon état.

Conformément à vos intentions j'ai distribué le contenu à de nombreux camarades, tous des pays envahis. Ils étaient ravis et ne cachaient pas leur étonnement qu'il existait de braves cœurs se préoccupant de pourvoir avec tant de largesse et de générosité aux besoins urgents des soldats du front.

Soyez assuré, et vous pouvez donner cette assurance au Comité du Syndicat dont vous êtes le Secrétaire Général, que les gars du Nord secourus, si charitablement par vous, n'oublieront pas de publier, après la guerre, le beau dévouement des Stéphanois.

Maréchal des Logis
FOUJOLS

Beaumont-s/-Oise, 24 Janvier 1915.

Monsieur le Secrétaire Général,

Je viens à l'instant de recevoir votre lettre du 22 courant, et je m'empresse d'y répondre.

Laissez-moi tout d'abord vous remercier chaleureusement de la part de mes braves cavaliers, du généreux envoi que vous avez eu la bonté de leur envoyer par mon entremise.

Tout ce que vous m'annoncez, par votre lettre, était dans le colis et a fait le plus grand plaisir à ceux à qui tout cela a été distribué.

3e Rég^t D'ARTIL. A PIED
21e BATTERIE

Le 6 Février 1915.

Monsieur,

Je ne sais comment m'exprimer pour vous témoigner ma reconnaissance et vous envoyer mes remerciements ainsi que ceux de mes camarades, dont je suis l'interprète, pour le colis de vêtements que vous m'avez expédié.

Je vous remercie aussi, personnellement, pour l'honneur que vous m'avez fait et la confiance que vous m'avez témoignée pour la distribution des divers vêtements contenus dans votre envoi.

Veuillez bien croire que chacun de ces objets a été reçu avec un vif plaisir et soyez persuadé, cher Monsieur, que nous saurons prouver, notre reconnaissance par notre courage et notre patriotisme à ces bonnes Françaises qui travaillent et s'ingénient à soulager et adoucir le sort des combattants, que nous sommes résolus à vaincre et nous vaincrons.

Mme BLANC-DUMESNIL   *Le 31 Mars 1915.*

Monsieur,

Hier au soir en quittant l'hôpital on m'a prévenu de l'arrivée de votre gros ballot.

Je vais ce matin admirer toutes ces bonnes choses qui nous font tant plaisir, puisqu'elles vont nous permettre de pouvoir changer nos soldats et leur tenir chaud.

Laissez-moi donc, Monsieur, vous remercier bien vivement en mon nom pour votre amabilité et votre modestie en me disant que vous ne pouviez mieux faire, je trouve au contraire que c'est beaucoup.

M^{al} DES LOGIS FOUJOLS   *St-Ouen-l'Aumône, 1er Avril 1915.*

Monsieur le Président,

Je m'empresse de vous accuser réception de l'important envoi que vous avez eu l'amabilité de m'adresser pour les cavaliers de mon peloton.

Ceux-ci me chargent de vous remercier chaleureusement de leur part et de vous témoigner toute leur reconnaissance.

Tous ces braves gens, et en particulier ceux de Saint-Étienne qui connaissent déjà tout le dévouement et toute la générosité du Syndicat d'Initiative du Forez me prient de vous exprimer le plaisir que leur ont fait tous les objets contenus dans votre ballot. Depuis plus de cinq mois en effet nous avons quitté notre dépôt, le linge commence à s'user et les chaussettes à manquer de semelles.

Joseph WOLF
17 Cie, 306e Rég^t D'INF^{ie}   *Le 8 Janvier 1915.*

Monsieur le Directeur,

Au nom de mes camarades je viens vous remercier pour le colis que vous avez bien voulu nous faire parvenir.

Soyez persuadé que chacun de nous fait ses efforts pour repousser l'ennemi et rester digne de la Patrie.

Par le fusil, par la pioche, puisque la guerre actuelle est une lutte de taupe, nous maintenons les Boches. D'ici peu, espérons le, nous saurons les repousser hors de nos frontières et rendre le Pays à sa vie économique.

Qu'une part de nos remerciements aillent à ces petits enfants du Forez qui de loin prennent part à nos fatigues et à nos luttes.

Nous avons aussi fait à diverses reprises des envois à l'Armée Belge dont les plus importants furent ceux du 14 novembre 1914 et 5 janvier 1915.

Nos collaboratrices avaient eu la pensée touchante de joindre à ces envois un colis à l'adresse de Sa Majesté le roi Albert Ier et avaient accompagné cet envoi de la lettre suivante :

SIRE,

Les Dames du Forez ont entendu l'appel de notre Syndicat d'Initiative pour vos soldats héroïques.

Elles ont le grand honneur de leur faire parvenir quelques chauds vêtements d'hiver.

Puissent-ils adoucir les cruelles épreuves que votre armée supporte avec une grandeur d'âme aussi sublime que l'immolation de votre peuple à la parole donnée.

A cet envoi des Dames du Forez est joint un paquet spécialement destiné à Votre Majesté. Elles ne se flattent pas que vous utilisiez personnellement les vêtements qu'il contient mais elles vous prient, Sire, d'interpréter leur geste comme un témoignage plus sensible de leur attachement pour la Nation dont les nobles vertus ont trouvé en vous leur glorieuse et plus haute incarnation.

Vos admiratrices attendent avec une confiance indéfectible l'heure prochaine des réparations nécessaires, l'heure qui marquera pour la Belgique et pour le monde la Victoire de la bonne foi sur le parjure.

Elles vous prient de daigner agréer leurs hommages les plus respectueux pour Votre Majesté, pour Sa Majesté la Reine Elisabeth et pour la famille royale.

Sur elle et sur tout le peuple belge, les vœux les plus ardents des dames du Forez appellent une ère ininterrompue de bonheur et de prospérité dans la Gloire.

Le Secrétaire Général.

M. le Consul de Belgique à Clermont-Ferrand par l'entremise duquel ces envois parvenaient à l'armée Belge nous en accusait réception par les lettres suivantes :

Consulat de Belgique
N° 2322/2   Clermont-Ferrand, 18 déc. 1914.

Monsieur le Président,

J'ai l'honneur de vous informer que je viens de recevoir

votre envoi destiné à nos soldats, et la caisse spéciale à l'adresse Sa Majesté le Roi Albert Ier.

Permettez-moi de vous remercier sincèrement et très chaleureusement de cette noble pensée à l'adresse de notre Auguste Souverain; il sera profondément touché, j'en suis sûr, de cette attention.

Je fais partir, aujourd'hui même, le colis Royal et l'adresse que vous avez bien voulu me faire parvenir pour Sa Majesté; je suis convaincu, Monsieur le Président, que le Roi vous en remerciera d'une façon toute particulière.

Avec mes félicitations, pour la noble pensée qui vous a animé, je vous prie de transmettre à votre comité mes remerciements personnels et mes sentiments de profonde gratitude pour le don si généreux à l'intention de nos soldats.

Clermont-Ferrand, 9 Janvier 1915.

Monsieur,

Au nom du Gouvernement de Sa Majesté Albert Ier, Roi des Belges, j'ai l'honneur de vous adresser ses remerciements chaleureux pour le don généreux que vous avez bien voulu m'adresser en faveur du " Paquet du Soldat Belge ".

Croyez, Monsieur, à la profonde gratitude des braves Petits Soldats qui recevront avec enthousiasme les précieux " Paquets " dûs à votre grande générosité.

M. le Baron de Broqueville, Président du Conseil, Ministre de la Guerre, me charge de vous transmettre ses remerciements personnels auxquels je joins l'assurance de ma vive reconnaissance pour la collaboration spontanée que vous avez apportée à cette œuvre si humanitaire.

Sa Majesté le roi Albert Ier voulait bien lui-même nous faire adresser cette lettre :

Ce 13 Janvier 1915.

SECRÉTARIAT DU ROI ET DE LA REINE

Mesdames,

Le Roi a été vivement touché de l'aimable attention que vous avez eue pour ses soldats et pour Lui-même. C'est avec joie, que j'ai mission de vous donner l'assurance, que sa Majesté distribuera un don si gracieusement offert.

Des gestes comme le vôtre, Mesdames, sont réconfortants en ces moments d'épreuves; le Souverain vous en remercie chaleureusement et vous adresse l'expression de sa sympathie.

Veuillez agréer, Mesdames, l'hommage de mes sentiments respectueux.

Le Secrétaire : J. INGERBLECK.

**

Désireuse de témoigner à nos œuvres la reconnaissance de son armée Sa Majesté la Reine Elisabeth de Belgique a bien voulu honorer ces œuvres en attribuant par arrêté royal 25 juillet 1918 la médaille créée par elle à Mlle Louise de Lamberterie, notre collaboratrice de la première heure et qui resta cette collaboratrice jusqu'au jour de la Victoire.

Les motifs de cette flatteuse distinction sont les suivants : *Employée bénévole au Syndicat d'Initiative du Forez, depuis l'ouverture des hostilités, Mlle Louise de Lamberterie s'est dépensée sans compter avec un zèle de tous les instants, au service des œuvres de guerre dont le Syndicat, avait assuré la lourde charge et qu'il a si heureusement menées à bien.*

**

Comme nous le disions au début de cette notice, pour être précise l'évaluation de toutes les choses que nous avons envoyées demanderait un travail considérable.

Cependant d'un examen aussi exact que possible il résulte que ces envois ont certainement dépassé de beaucoup la somme de 150.000 Frs.

C'est ce chiffre que nous ferons figurer dans notre bilan.

**

Au mois de Décembre 1914, nous avions aussi adressé un appel pour le « *Noël du Soldat* ».

Ce fut aussi avec un empressement réellement admirable que cet appel fut entendu par nos concitoyens.

Plus de cent grandes caisses remplies de provisions et de « gâteries » de toutes sortes : conserves, chocolat, tabac, cigares, cigarettes furent par nos soins envoyés aux diverses unités de notre région.

Là, encore, une estimation exacte de la valeur de ces envois est impossible; il n'est pas excessif cependant de l'évaluer à plus de 20.000 Francs.

***

En dehors de ces envois collectifs de très nombreux colis individuels furent envoyés à des soldats qui nous en faisaient la demande ou qui nous étaient signalés comme particulièrement nécessiteux.

Nous nous garderons bien de citer les innombrables lettres ou cartes nous accusant réception de ces colis individuels, bien que quelques-unes d'entre elles soient réellement bien émouvantes.

Coussins pour les Blessés

Pendant longtemps nous avons demandé et reçu des coussins pour les blessés.

C'est, par milliers, que nous avons adressé ces coussins à diverses formations sanitaires et principalement dans les gares d'évacuation.

De ce chef, aussi, nous avons reçu de nombreux remerciements.

Parrainage des Divisions militaires

Au mois d'octobre 1917, sous le patronage du Général en chef s'est créée l'entente des Œuvres de Guerre avec les Armées (Mme Lyautey, présidente) et d'accord avec le Grand-Quartier général a été constitué le " *Parrainage des Divisions de l'Armée Française.* "

Le Parrain, comme son nom l'indique, est le parent officieux, l'ami prévoyant qui assure à sa filleule tout ce qui est de nature à améliorer le bien-être matériel des hommes et à les réconforter moralement : à leur procurer toutes choses, en un mot propres à rendre la vie supportable et à chasser le contagieux cafard.

Il fallait pour obtenir le parrainage d'une Division justifier de ressources s'élevant à 6000 fr. au minimum.

Les ressources dues à la générosité de nos concitoyens nous permirent de postuler d'abord le parrainage de la 25° Division, dépendant de notre 13° Corps
d'Armée, et composée des 16°, 98° et 105° régiments
d'infanterie outre les autres armes : artillerie, génie
et services accessoires.

Notre demande fut acceptée et M. le général Gratier,
qui commandait cette division, voulut bien nous fournir une liste des objets qui lui paraissaient utiles pour
ses soldats.

Les achats furent faits, d'abord pour une somme
de 12.000 fr. et convoyés aux armées par M. L. Mathieu ;
successivement M. le général Gratier, ou son successeur dans le commandement de la Division nous ont
formulé d'autres demandes auxquelles nous avons été
heureux de pouvoir donner satisfaction ; fanions pour
les compagnies décorées de la Croix de Guerre,
diplômes artistiques de citations, Croix de Guerre et
insignes diverses pour remplacer ceux qui avaient
été perdus au cours des attaques glorieuses ayant
précédé la Victoire, etc...

Puis, ayant appris que la 120° division militaire
(général Mordacq), comprenant le 38° et le 86° régiments d'infanterie n'était secourue par personne, nous
nous sommes empressés de l'adopter aussi.

Nous n'avons jamais laissé notre glorieux régiment
de St-Etienne recevoir une des nombreuses distinc-
tions qu'il a méritées (Croix de Guerre, fourragère)
sans lui adresser, avec l'hommage de notre admiration,
tout ce que nous permettaient nos ressources.

M. Louis Mathieu, a dû se rendre à plusieurs
reprises aux Armées pour porter, à ces Divisions, les
dons que nous lui faisions.

Une première fois, en février 1917, il rejoignit la
25° division aux environs de Vitry-le-François ; le
22 mai suivant, il allait en Argonne et à Verdun au
milieu des 25° et 120° divisions ; à la fin du mois
d'août 1917, il retournait à Verdun près de la 120° et

dans l'Aisne (face Wailly et Laon) près de la 25e Division.

Puis la Victoire étant arrivée M. le général Mordacq, commandant la 120e division, qui se trouvait alors à Suippes (Marne), dans un pays ravagé, avait bien voulu nous inviter à procurer à ses glorieux poilus quelques distractions à l'heure où le souci de la guerre et la préparation des attaques ayant cessé, ils jouissaient d'un loisir qu'ils n'avaient pas connu depuis plus de 50 mois, et risquaient de connaître le fâcheux désœuvrement contrastant si brusquement avec leurs glorieuses actions.

Déférant à cette flatteuse invitation une petite troupe composée de : Mlles Germaine Laurent, cantatrice ; Fernande Blanchard, pianiste ; Marcelle Blanchard, violoniste ; M. Georges Faure, l'auteur inspiré des poëmes de la Guerre ; l'hilarant comique Mat-Haux, s'est rendu à Suippes, et là au cours des cinq journées passées au milieu de cette belle Division, neuf auditions ont été données au début du mois de décembre 1918.

Partout nos artistes ont reçu l'accueil le plus enthousiaste ; c'était un véritable plaisir que de les voir prodiguer ainsi leur talent et leur dévouement pour témoigner à nos soldats la reconnaissance et l'admiration de " ceux de l'arrière ".

Et cet accueil s'explique parce que c'était la première fois que cette division voyait des artistes, artistes d'autant plus les bienvenus qu'ils apportaient avec eux un peu de l'air natal à ceux qui, depuis si longtemps, étaient éloignés de leurs foyers.

Des représentations eurent lieu à Suippes, Sommes-Suippes, St-Rémy, Croix-de-Champagne etc... le plus souvent dans des salles éventrées par les obus et par une température inclémente.

La fatigue de nos artistes fut récompensée ; car elles eurent le grand bonheur d'assister, seules civiles, dans une plaine de la Champagne, à une prise d'armes de la 120e Division pour la distribution de croix et de médailles et à la magnifique revue qui en fut la suite ; elles purent aussi, visiter les champs de bataille fameux de Souain, Perthes-les-Hurlus, ferme Navarin.

Cette journée devait avoir un lendemain ; à son tour M. le général Joba, commandant la 25ᵉ Division nous demandait de lui amener notre petite troupe ; et, le 28 février 1919, nous allâmes le rejoindre à son quartier général à Gros-Gerau, à 20 km. en arrière de la rive droite du Rhin, au sud-est de Mayence.

Nous y avons retrouvé nos beaux régiments d'infanterie les 16ᵉ, 38ᵉ, 86ᵉ, 98ᵉ.

Des représentations furent données à Langen, Griesheim (ancien camp de nos prisonniers de Darmstadt), Grofenhausen, Gros-Gerau, Westerstadt, Noheim, Dornheim, etc.

De là nous avons rejoint la 26ᵉ Division, commandée par M. le général Mordacq, ancien commandant de la 120ᵉ où des représentations furent données à Hofheim et à Soden.

Une flatteuse invitation de M. le général Linder commandant le 13ᵉ corps d'Armée, nous permit d'assister au palais impérial de Wiesbaden à un concert et à une soirée.

L'accueil fait à nos artistes fut encore plus enthousiaste que l'accueil qu'elles avaient reçu en Champagne ; nos vaillants poilus étaient étonnés et ravis de voir des jeunes filles, la poitrine ornée de cocardes tricolores qui les faisaient reconnaître de tous, venues du pays du Forez pour leur porter le Salut de la Patrie lointaine, et qui n'avaient point reculé devant les dures fatigues d'un si long voyage pour venir les voir sur la terre ennemie, au delà de ce Rhin orgueilleux que les Allemands croyaient bien infranchissable.

Au cours de ce dernier voyage M. Louis Mathieu, fut autorisé à aller en Allemagne non occupée pour voir des prisonniers Français qui lui étaient signalés à Francfort et à Darmstadt comme n'ayant pu être rapatriés à cause de leur état de santé ; il a pu se ren-

dre compte qu'il ne restait plus un seul de nos prisonniers dans ces dernières villes ; que les derniers
avaient été transférés à Mayence où il est allé les
visiter et remettre quelques secours aux dévouées
infirmières de la Croix-Rouge pour leur permettre de
procurer quelques douceurs à ces pauvres malheureux.

***

Notre Œuvre de parrainage nous a valu, elle aussi,
de touchantes lettres de remerciements de la part des
Généraux commandant les divisions et des divers
chefs de corps.

Nous ne pouvons les publier toutes, déjà cette
brochure s'est trop allongée par la publication des
lettres reçues au sujet de nos envois de vêtements,
cependant, nous estimons que nos bienfaiteurs seront
heureux de lire les quelques extraits suivants, de
lettres émanées des autorités militaires des corps
" filleuls " de nos Œuvres :

Général GRATIER
25e DIVISION   Le 13 Décembre 1917.

Je m'empresse de vous remercier du mandat de 1500 fr.
que vous avez eu l'amabilité de m'envoyer : cet argent me
permettra de faire beaucoup d'heureux et d'adoucir les
rigueurs de l'hiver que nous allons passer dans les plus mau-
vais endroits du front.

Je vous adresse inclus la liste des objets qui semblent le
plus utiles à nos braves soldats et que vous vous proposez
de leur offrir.

Le 16 Janvier 1918.

J'ai bien reçu avis de l'importante expédition que vous
avez eu l'amabilité de nous faire... Je vous remercie des vœux
que vous avez l'amabilité de m'adresser pour ma division et
pour moi ; soyez certain que nous ferons tout pour nous montrer
dignes du bienveillant intérêt que nous témoigne notre généreuse marraine de guerre.

Général GRATIER
25ᵉ DIVISION   *Le 15 Mars 1918.*

Je ne sais comment vous remercier d'avoir obtenu de vos généreux bienfaiteurs la somme nécessaire à la gravure des diplômes de la division dont l'original appartiendra de droit à la Ville de St-Etienne.

Colonᵉˡ AUGIER, 38ᵉ D'INF.   *Le 16 Avril 1918.*

Je me propose depuis longtemps déjà de vous remercier des objets que votre Comité avait fait expédier au régiment.

Je n'ai pas besoin de vous dire tous, depuis le colonel jusqu'au simple soldat, nous avons été touchés de cette marque de sympathie, de la bonne ville de St-Etienne dont, ainsi que vous le dites justement le 38ᵉ est le régiment et dont les habitants comptent tant de parents et d'amis parmi nous.

J'ai le grand plaisir, en même temps, de vous annoncer que le Drapeau de votre filleul de guerre a reçu ce matin la Croix de Guerre.

Le 25 Avril 1918.

... Merci également du nouveau don très généreux que j'emploierai au mieux des intérêts matériels et moraux de nos soldats ; je vous prie de présenter toute leur gratitude à nos bienfaiteurs.

Le 31 Juillet 1918.

J'ai reçu votre lettre dont je vous remercie infiniment tant à cause des sentiments de patriotisme élevés qu'elle exprime que des 1.000 fr. qu'elle renferme pour mes Poilus.

Colonel SAUTEL.
86ᵉ RÉGᵗ D'INFANTERIE   *Le 9 Septembre 1918.*

J'ai l'honneur de vous accuser réception de votre aimable lettre du 4 septembre ainsi que du mandat de 1.000 fr. qu'elle contenait.

Je ne saurai trop vous remercier des sentiments que vous voulez bien exprimer à l'endroit du 80ᵉ régiment d'Infanterie et de votre générosité envers les braves soldats qui le composent.

Leur passé, leur ténacité, leur bravoure, leurs qualités de cœur et l'ardent patriotisme qui les anime sont un sûr garant de leur conduite au feu, jusqu'à la libération de la Patrie et jusqu'à la Victoire définitive.

Avec de tels soldats, on peut faire face à n'importe quel ennemi, et pour un chef qui a l'honneur d'être à leur tête, il n'est point de mots assez forts pour exprimer son admiration.

Dr MONÉGER, Méd. divis.
25ᵉ DIVISION
                                         Le 3 Octobre 1918.

En vous accusant réception des deux fanions que vous venez de m'envoyer et du mandat que vous avez bien voulu y joindre, veuillez me permettre de joindre à mes remerciements personnels, l'expression des sentiments de gratitude de mon groupe de brancardiers et de ma section Sanitaire américaine.

Ces remerciements et cette gratitude vont à votre belle-fille qui a exécuté ce travail remarquable.

Lieutenant P. DURAND
SECT. TÉL. DE LA 25ᵉ DIV.
                                         Le 6 Octobre 1918.

Je n'ai pu dans la bataille, que vous remercier très brièvement du superbe fanion brodé par votre belle-fille et abondamment arrosé, que vous avez bien voulu offrir aux télégraphistes de la Division.

En union intime avec mes officiers et mes hommes au combat, sur le sol reconquis où flotte votre fanion je vous envoie tous mes meilleurs remerciements.

Le Chef d'Escadron
TOURBIEZ, commandant
LE 6ᵉ GROUPE DU 43ᵉ A.L.
                                         Le 11 Décembre 1918.

SECTEUR POSTAL N° 73

Cher Monsieur,

En réponse à votre aimable mot du 5, je viens, d'accord

avec mes Officiers et tous mon Personnel, vous remercier de la grande joie que vous êtes venu nous apporter.

C'est nous, à beaucoup près, qui sommes vos obligés.

Au moment où nous étions un peu déçus de rejoindre un cantonnement peu intéressant, s'il fut un champ de bataille idéal, de la Champagne, au lieu de suivre l'ennemi acculé à la capitulation, vous êtes venus nous apporter une note précieuse d'art, de gracieuse poésie et de beauté.

Nous ne l'oublierons pas, et vous prions de vouloir bien agréer ainsi que Mesdemoiselles Blanchard et Mademoiselle Laurent, Monsieur Mathaux, avec nos meilleurs remerciements, l'assurance de nos sentiments les plus distingués.

P. S. — S'il vous était possible de revenir nous voir, nous en serions ravis. Nous serons dans la région de Toul le 24/12 pour quelque temps sans doute.

120ᵉ Division

Le Colonel-Commandant   *Le 8 Décembre 1918.*
l'Infanterie

Secteur Postal N° 73

Monsieur,

En vous recevant le moins mal possible, nous n'avons fait que ce que nous devions, et c'est à vous et à vos infatigables compagnons que des remerciements doivent aller, pour la peine que vous avez prise de venir, de si loin, et malgré les incommodités du voyage, réjouir nos braves soldats.

C'est une belle œuvre, une belle action, après toutes les marques de votre générosité. Si vous voulez bien garder, de ces quelques jours parmi nous, un souvenir, croyez bien que, de notre côté, nous ne vous oublierons pas

Capitaine Roux
Infant. Divisionnaire   *Suippes, 9 Décembre 1918.*
de la 120ᵉ Division

Cher Monsieur,

Le colonel Jeanpierre, nous a fait part, ce matin de votre bon souvenir. Je suis heureux que vous ayez fait bon voyage de retour ; j'avais peur qu'au dernier moment une de vos

« filleules » ne se trouvât fatiguée. Il n'en a rien été heureusement, et elles peuvent se reposer maintenant, de ces cinq ou
six journées au programme chargé, où elles ont apporté un
rayon de soleil dans la brume de Champagne et dissiper
l'ennui que nous tous, Poilus et Officiers, y ressentions.

Veuillez bien, je vous prie, les en remercier encore pour
nous tous et accepter vous aussi, cher Monsieur, la bonne
moitié de nos remerciement; vous êtes un vrai « parrain »
pour nous.

Colonel SAUTEL   *Le 9 Décembre 1918.*
86ᵉ D'INFANTERIE

Monsieur,

Je suis vraiment confus que votre si aimable du 5 décembre
m'ait devancée, car j'allais vous écrire pour vous exprimer
à vous, à vos généreux artistes, tous les remerciements que
mon régiment et moi en particulier nous devons pour les
heureux instants, mais bien trop courts que vous nous avez
fait vivre.

Certes, mes braves poilus, n'avaient jamais été à pareille
fête au front et, nous en conservons tous, un souvenir ému.

Mais certainement, cher Monsieur, nous comptons vous
revoir et vous posséder plus longtemps ; d'ailleurs c'est
promis n'est-ce pas ? Et puis vous reviendrez chez vous, car
maintenant que la connaissance est bien faite, vous serez
tout à fait en famille au 86ᵐᵉ.

Les braves troupiers, soyez en persuadés, seront remplis
de joie lorsqu'ils sauront votre retour. Ils savent se souvenir
et ils ont les plus belles qualités de cœur.

Dites bien à Mademoiselle Laurent, que nous la mettrons
à contribution jusqu'à épuisement de son répertoire.

Général MONDACQ   *Le 10 Décembre 1918.*
COMMANDANT LA 120ᵉ DIV.

Cher Monsieur,

C'est moi qui vous écris ces remerciements pour le réconfort moral que vous avez apporté à nos Poilus. Je vous les
adresse de tout cœur, en vous priant de les partager avec
vos aimables artistes.

Je suis l'interprète des 38ᵐᵉ et 86ᵐᵉ régiments d'Infanterie en vous adressant l'expression de leur gratitude à l'égard du Comité si généreux pour eux.

Les 5.000 francs ont été partagés également entre les deux régiments.

J'accepte bien volontiers que vous envoyez des jeux, ils seront les bienvenus et distrairont pendant le séjour sur le Rhin.

Colonᵉˡ PICHON-VENDEUIL.   *Le 18 Janvier 1919.*
38ᵉ D'INFANTERIE

Cher Monsieur,

Merci de vos chaleureuses félicitations et de votre généreux envoi. Grâce à vous les militaires du régiment fêteront joyeusement et leur nouvelle palme et la Victoire.

Je suis l'interprète de tous en vous exprimant ainsi qu'aux Membres de votre Syndicat, notre sincère gratitude.

Général JOBA   *Boutay-les-Metz, 13 Février 1919.*
25ᵉ DIVISION

Cher Monsieur,

Que n'étiez vous avec nous depuis notre départ de Nancy. Vous auriez, comme nous, vécu des moments fort impressionnants au passage de l'ancienne frontière que nos Poilus ont passée au pas de charge, drapeau déployé et tambours battants. Vous auriez vu à Château-Salins les Vieux de 70 pleurer et rire à la fois en saluant le drapeau, les petites filles de Seline en costumes de Lorraines chanter la *Marseillaise sans accent*, ce qui prouve que malgré la défense d'apprendre le français, elles l'apprenaient quand même en cachette.

Les fanions du 16ᵐᵉ offert par la ville de Montbrison sont arrivés le jour du départ de Nancy, juste à temps pour qu'on puisse les remettre aux Compagnies à la frontière même.

Cette remise ainsi que celle de deux Croix ont constitué une cérémonie très réussie.

A bientôt cher Monsieur, en attendant, croyez-moi votre très reconnaissant et tout dévoué.

Général MORDAC

Le 1er Avril 1919.

Mesdemoiselles,

J'adresse à Mesdemoiselle Germaine Laurent, Fernande et Marcelle Blanchard, une notice de la 120me Division dont elles faisaient partie et ont ainsi droit à son souvenir.

Je leur suis infiniment reconnaissant de m'avoir continué leur aimable collaboration à la 26me Division, ces nouveaux régiments ont apprécié, comme les anciens, leur talent et leur charme ; ils ont été très touchés de la gracieuse visite qu'elles leur ont faite et ont vu en elles les Jeunes Filles de France, sœurs ou fiancés, leur apportant leur sourire et leurs encouragements.

Général JOBA
COMMANDANT LA 25e DIV.

Le 4 Avril 1919.

Mesdemoiselles,

Depuis votre départ, Gros-Gérau est morose; nous essayons de l'égayer par quelques retraites aux flambeaux, quelques séances cinématographiques. Tout cela ne nous fait pas oublier votre passage ici et surtout la promesse solennelle de votre retour.

Nous terminons cette trop longue reproduction de lettres de remerciement par la dédicace que le Général de Division MORDACQ (120e Division) a bien voulu mettre sur la notice par lui rédigée pour relater les faits d'armes de sa vaillante troupe.

La 120e Division. reconnaissante au Syndicat d'Initiative du Forez qui, contribua en toutes circonstances à l'élévation du moral de ses soldats. 8 Mars 1919.

***

L'Œuvre de parrainage des 25me divisions militaires a nécessité une dépense de 56.059 fr. 30 ; à l'heure où nous rédigeons cette notice il nous reste en caisse, de ce chef la somme de 19.403 fr. 05, mais

qui est, en grande partie, engagée par une dépense encore non soldée.

*
* *

M. Jean Neyret, maire de la ville de St-Etienne avait bien voulu nous charger de distribuer aux soldats de la ville, permissionnaires, ou d'envoyer aux même soldats aux armées de petits secours en argent ; nous avons été heureux de cette marque de confiance dont nous avons tâché de nous occuper de notre mieux.

*
* *

Nous croyons devoir, dans ce même chapitre, signaler que nous avons pu faire divers versements soit aux sociétés de secours aux blessés (S. B M. et U. F. F.), à l'hôtel des poilus et à quelques autres Œuvres dont l'énumération figure à notre comptabilité générale.

*
* *

En résumé nos opérations du chef de l'Œuvre « soldats au front » se soldent de la façon suivante :

RECETTES

En espèces.................................		291.219 15
En nature (vêtements d'hiver)...	150 000	
En nature (Noël du Soldat).......	20.000	170.000 »
		461 219 15

DÉPENSES

En espèces.................	271.816 10	
En nature (emploi des articles 2 et 3 ci-dessus)................	170.000	441 816 10
Reste en caisse............	19.403 05	

dont une grande partie est engagée par des dépenses non soldées.

Œuvre d'assistance aux Prisonniers

Ce fut la partie la plus intéressante et la plus importante de nos Œuvres de Guerre.

Dès le mois d'Octobre 1914, M. Jean Neyret, maire de la ville de St-Etienne, voulait bien nous prier de nous charger du soin d'envoyer à nos malheureux prisonniers de Guerre ce qui leur était alors nécessaire et ce qu'ils demanderaient.

Il avait été saisi de demandes de secours par l'adjudant Rétrosi, du 38e régiment d'infanterie, qui ayant été blessé et fait prisonnier dès les premiers jours de la guerre, était interné à Lechfeld (Bayern) et signalait la détresse de ses camarades de captivité qui étaient complètement dépourvus de sous-vêtements.

C'est grâce à cette initiative que notre Comité peut s'honorer d'avoir été le premier en date des Comités d'assistance aux Prisonniers; en effet, les premiers paquets partirent d'ici avant la fin d'octobre 1914.

La complication était grande pour faire les envois, nous n'étions pas familiarisés pour la rédaction des adresses compliquées; il fallait au début, accomplir des formalités douanières, chaque colis nécessitait la confection de plusieurs pièces qui devaient les accompagner; les formalités étaient nombreuses à accomplir, les instructions imprécises.

Heureusement que, dès le début, il ne s'agissait pas encore de ravitailler en vivres nos prisonniers, que leurs demandes ne consistaient qu'à recevoir les sous-vêtements dont ils étaient complètement dépourvus et que des demandes n'arrivaient pas encore très nombreuses; aussi pendant les premières semaines, nous avions eu, agissant de concert avec le Comité catholique de secours aux Prisonniers, la légitime fierté de n'avoir laissé aucune demande de prisonniers sans y avoir fait droit.

Puis, comme notre Œuvre fut une des premières

créées, les Prisonniers de guerre de toute les régions de la France s'adressèrent à nous, les demandes survinrent si nombreuses et si pressantes qu'il nous devenait impossible de faire droit à toutes.

La situation devenait chaque jour plus angoissante et plus douloureuse.

C'est à ce moment que, fort heureusement, furent créés les Comités départementaux et qu'un peu de méthode commença à s'établir pour l'origine et la répartition des secours.

C'est ainsi que les Pouvoirs publics décidèrent de créer dans chaque département un organe semi-officiel de secours aux Prisonniers.

Dans la presque totalité des départements ce furent les Préfets qui créérent et gérèrent par eux ou par des fonctionnaires des départements ces Comités de secours.

M. Ch. Lallemand, Préfet de la Loire, voulut bien proposer nos OEuvres de Guerre pour remplir dans le département le rôle " Comité Fédéral départemental d'assistance aux Prisonniers ".

Nous ne pouvions pas nous soustraire à cette marque de confiance, et qu'il nous soit permis de constater, en passant que ce fut une bonne inspiration qu'eut en ce moment, M. le Préfet de la Loire.

Les OEuvres privées ont toujours eu la bonne fortune de recueillir auprès des personnes charitables des souscriptions que beaucoup de gens ne songent pas à verser aux OEuvres administratives et on verra, par la suite, quelles ressources importantes nous avons pu recueillir auprès de nos compatriotes et l'importance des secours que nous avons pu envoyer en Allemagne.

Nous avions dès la première heure, sollicité et obtenu d'être rattaché à l'Agence des Prisonniers de Guerre de la Croix Rouge Française.

Parallèlement à nous de nombreux Comités très agissants s'étaient créés dans notre département pour venir en aide aux Prisonniers.

Comités municipaux à Roanne, St-Chamond, Firminy, le Coteau.

Très important Comité catholique, 25, rue Michelet à St-Etienne.

Comités locaux à St-Bonnet-le-Château, à Feurs, Comités de la Ligue des femmes Françaises presque dans chaque paroisse.

Comités professionnels ou patronaux dans de nombreuses usines et mines.

Après quelques tâtonnements, car nul ne se doutait de la longueur de la Guerre et de la nécessité, vu cette longueur, d'apporter une méthode sévère dans l'organisation des secours, nous sommes arrivés avec la presque totalité de ces Comités à une entente devenue définitive et complète lors du Congrès des Comités de secours tenu à l'Hôtel de Ville de St-Etienne sous la présidence de M. le Ministre plénipotentiaire le baron d'Anthouard.

A la suite de ce congrès les Comités adhérents nous ont envoyé des fiches au nom des prisonniers qu'ils secouraient ; une vérification soigneuse nous a permis d'éviter les doubles emplois et nous n'avions qu'à compléter les secours qu'envoyaient ces Comités s'ils étaient jugés insuffisants.

∴

Dès le mois de mars 1915, survint dans la région stéphanoise la création des Comités de secours aux soldats et prisonniers des régions envahies.

Nous nous honorons d'avoir, dans la mesure de nos moyens, collaboré à la fondation de ces comités.

M. Louis Mathieu, a dû aller à plusieurs reprises

prendre la parole dans chacune des villes de : St-Etienne, Unieux, le Chambon, la Ricamarie, Lorette, la Talaudière, Rive-de-Gier, Roche-la-Molière, St-Chamond.

Ces divers Comités s'étaient unis dans une Fédération ayant son siège, 3 rue de la Préfecture, à St-Etienne, et nous n'avons cessé d'entretenir avec eux les plus cordiales relations.

Pendant longtemps, au début, et jusqu'au jour où, devenant Comité Fédéral Départemental, nous avons dû réserver nos ressources à secourir les prisonniers du département de la Loire, nous complétions les colis préparés par ces comités.

A ce moment, au surplus, ces comités avaient pris une extension admirable et pouvaient se suffire à eux-mêmes.

Notre Œuvre d'assistance aux Prisonniers comportait deux compartiments :

Secours collectifs et Secours individuels.

Secours collectifs

Les Pouvoirs publics et l'Agence des prisonniers de la Croix Rouge Française avaient justement prévu que, en dehors des secours individuels envoyés aux prisonniers par leur département d'origine, il convenait que chaque camp d'internement fut ravitaillé collectivement pour aider les prisonniers ne recevant rien, soit parce que, prisonniers récents, ils n'avaient pu encore faire connaître leur adresse, soit parce que les changements fréquents de camps retardaient, si même ils ne supprimaient pas, la réception des colis individuels, soit encore par suite de toutes autres circonstances.

Les camps furent partagés entre les diverses organisations.

Notre Comité fut chargé de secourir ainsi les camps

de Quedlimburg (Sachsen), Erfurt (Thüringen) et Brètel (Bremen).

Successivement les camps de Brètel et d'Erfurt furent évacués et seul le camp de Quedlimburg a existé jusqu'à l'armistice.

Les envois dans ces camps furent les suivants :

QUEDLIMBURG

1°. — Envoi de pain et de biscuits antérieurement à l'interdiction de ces envois : 11.923 colis de 5 kilogs chacun. Poids : 56.600 kilogs. Valeur : 26.800 fr.

2°. — 5 novembre 1915, un wagon contenant notamment : 200 chemises, 200 caleçons, 114 tricots, 94 gilets de flanelle, 440 paires de chaussettes, 107 paires de galoches, 300 boîtes de conserves, 500 boîtes de sardines, 50 kilogs de sucre, 60 kilogs de fromage de gruyère, 17 caisses de pâtes sèches, 70 kilogs de riz, 38 caisses de biscuits. Poids : 5.677 kilogs. Valeur : 4.928 fr.

3°. — 18 décembre 1915, un wagon contenant : 50 caisses de biscuits, 50 caisses de conserves, 6 caisses de confiture, 4 caisses de lait condensé, 3 caisses de savon, 3 caisses de livres, 220 paires de chaussons, 125 paires de caleçons, 131 chemises, 88 tricots, 384 paires de chaussettes. Poids : 5.077 kilogs. Valeur : 7.134 fr., 50.

4°. — 28 janvier 1916, un wagon contenant : 5 caisses noix de jambon, 8 caisses pâtés de foie, 2 caisses de lard, 6 caisses de pâtes alimentaires, 6 caisses de sardines, 1 caisse de morue, 2 caisses de chocolat, 1 caisse de chaussons cuir, 2 caisses de livres. Poids : 1.529 kilogs. Valeur : 3.193 fr., 60.

5°. — 3 avril 1916, un wagon contenant : 71 caisses de conserves, 20 caisses de figues, 8 caisses de chocolat 36 caisses colis de pain, 1.375 kilogs de biscuits. Poids : 4.316 kilogs. Valeur : 8.502 fr. 05.

6°. — 20 mai 1916, un wagon contenant : 21 caisses de bœuf nature, 20 caisses de pâtés de foie, 4 caisses de savon, 20 caisses de figues, 10 caisses de sardines, 4 caisses de chocolat, 10 caisses de conserves de porc, 6 caisses de produits pour boisson, 81 colis de pain, 3.791 kilogs de biscuits. Poids : 7.821 kilogs. Valeur : 8.572 fr.

7°. — 1er décembre 1916, un wagon contenant : 50 caisses de pâtés de foie, 20 caisses de noix de jambon, 2 caisses de « cassoulet », 3 caisses de chocolat, 53 caisses de sardines,

1 caisse de boisson hygiénique, 8 caisses de savon, 8 caisses de figues, 2 caisses de tabac. 114 kilogs de riz, 1 caisse de livres, 600 paires de chaussettes, 120 paires de chaussons, 60 chemises, 60 caleçons, 150 capotes, 250 képis. Poids: 5.457 kilogs. Valeur : 14.450 fr. 35.

8°. — 29 mars 1917. (Le manque provisoire de ressources avait occasionné un ralentissement dans nos envois). Un wagon contenant: 10 caisses noix de jambon, 10 caisses de chocolat, 35 caisses de sardines, 26 caisses de pâtés de foie, 2 caisses de thé, 8 caisses de conserves diverses, 8 caisses de figues, 100 kilos de châtaignes blanches, 300 kilogs de riz, 3 caisses de saucissons, 10 caisses de savon, 1 caisse de cacao, 60 kilogs de sucre 20 kilogs de pâtes alimentaires, 320 kilogs de farine alimentaires, 1 caisse boisson hygiénique 1 caisse de tabac, 5 ballots de chemises, caleçons, chaussettes. Poids : 5.630 kilos. Valeur : 17.525 francs.

9°. — 6 juin 1917, un wagon contenant: 16 caisses de saucissons, 4 caisses de lard maigre, 1.000 kilogs de riz glacé, 1.000 kilogs de châtaignes blanches, 280 kilogs ce semoules, 2 caisses de farine de pois, 5 caisses de pâtes alimentaires, 18 caisses de déjeuner au cacao, 6 caisses de boisson hygiénique, 2 ballots d'espadrilles, 5 ballots de vêtements. Poids: 5.736 kilos. Valeur : 16.822 fr. 65.

10°. — 4 août 1917, un wagon contenant: 20 caisses de saucisson, 17 caisses de lait condensé, 10 caisses de lard, 100 caisses de bœuf, 5.000 kilogs de riz, 2 ballots de galoches, 2 caisses de livres. Poids : 12.700 kilos. Valeur : 34.225 fr.

11°. — 19 octobre 1917, un wagon contenant : 2 caisses de lard, 45 caisses de bœuf, 50 caisses de sardines, 8 caisses de harengs fumés, 3.000 kilogs de haricots, 300 paires de chaussettes, 150 chemises, 150 caleçons, 131 gilets, 3 caisses de livres. Poids : 6.743 kilos. Valeur : 19.685 fr. 60.

12°. — 12 novembre 1917, un wagon contenant: 4 caisses de lard, 25 caisses de sardines, 10 caisses de confitures, 12 comprimés pour bouillon, 3.050 kilogs de riz, 2.050 kilogs de pois cassés. Poids : 7.711. Valeur : 15.350 fr.

13°. — 18 janvier 1918, un wagon contenant : 1.334 kilogs de lard, 50 caisses de bœuf; 10 caisses de sardines, 7.020 kilogs de châtaignes blanches, 1 ballot de chemises. Poids : 9.368 kilos. Valeur : 21.685 fr.

14. — 23 mars 1918, deux wagons contenant: 165 kilogs de saindoux, 50 caisses de conserve de bœuf, 8 caisses d'autres conserves, 13 caisses de compote de pomme, 39 caisses de lait condensé, 10 caisses de lard, 8 caisses de savon, 2.400

kilogs de riz, 13 caisses de sardines, 1 caisse de thé, 2 ballots de galoches, 3 ballots de capotes. Poids : 8.486 kilogs. Valeur : 25.600 fr.

15. — 11 juin 1918, un wagon contenant : 4 800 kilogs de riz, 1.125 kilogs de lard, 40 caisses de conserves, 50 caisses de lait condensé, 2 caisses de savon. Poids : 8.332 kilos. Valeur : 21.822 fr.

16. — 22 août 1918, un wagon contenant : 15 caisses de lard, 50 caisses de sardines, 4 caisses de savon, 4 caisses de saucissons, 4 caisses de bœuf, 30 caisses de lait condensé, 45 caisses pâtes alimentaires, 2.000 kilogs de riz, 300 kilogs de châtaignes. Poids : 7.782 kilogs. Valeur : 26.676.

Total des secours collectifs envoyés à Quedlimburg : 160.795 kilogs. Valeur : 273.171 fr. 75.

Au début nous avions la bonne fortune d'adresser dans le camp de Quedlimburg nos envois à notre compatriote M. Marcel Granjon, puis lorsque ce prisonnier fut envoyé dans les odieux camps de représailles il fut remplacé par M. l'adjudant Caron, a qui succéda M. Emile Nérot et ensuite M. Calvet; que tous les quatre nous permettent de leur adresser l'expression de notre vive reconnaissance pour le dévouement et la méthode qu'ils ont mis dans l'accomplissement de leur délicate mission; nous savons par de nombreux prisonniers rapatriés que la plus stricte équité a présidée aux distributions et, au surplus, ces messieurs nous envoyaient de longues et minutieuses listes d'émargement où étaient notés objet par objet, boîte par boîte les secours remis à chacun.

Nous avons eu aussi la satisfaction de savoir que nos envois étaient les bienvenus et que leur composition en était hautement appréciée.

Monsieur Nérot nous écrivait le 27 août 1917 :

Votre superbe envoi est arrivé au complet, sa composition et son importance nous ont fait le plus grand plaisir. Nous tenons à vous remercier chaleureusement pour la façon généreuse dont vous faites les choses.

Le 28 septembre. — Votre superbe envoi est arrivé au complet... nous vous faisons part de la satisfaction éprouvée en recevant tant de vivres si profitables qui, depuis longtemps, font la joie de mes camarades nécessiteux.

1er novembre 1917. — Vos derniers envois composés en majeure partie de riz, lard, pâtes, semoules, saucissons, farines, châtaignes, nous ont permis de servir au camp des soupes collectives d'un très grand profit. Ainsi un colis de première catégorie contenant 708 gr. de lard, 1.500 gr. de riz, 300 gr. de châtaignes, 1.000 gr. de conserve de viande peut fournir 15 bons repas. Continuez à composer principalement vos envois de riz, légumes secs, châtaignes, lard, chocolat, lait, ces deux derniers articles bien nécessaires pour nos malades.

27 février 1918. — Nous sommes heureux de vous dire que le contenu de votre dernier envoi nous donne une grande satisfaction nous reconnaissons que les châtaignes constituent un aliment sain et nourrissant justement apprécié par nos camarades.

24 mai 1918. — En quittant mes fonctions de Président du Comité de secours du camp de Quedlimburg, je tiens à vous exprimer toute notre reconnaissance pour la générosité et le dévouement que vous nous avez toujours témoignés et qui nous ont permis de faire tant de bien autour de nous.

**

Les envois faits au camp d'Erfurt (Sachsen) furent les suivants :

1°. — 20 novembre 1915, un wagon contenant : 536 chemises, 600 caleçons, 264 tricots, 68 gilets de flanelle, 648 paires de chaussettes, 86 paires de galoches, 100 paires de chaussons. 14 caisses conserves jambon. 6 caisses de sardines, 4 caisses de pâtés de foie, 200 kilogs de chocolat, 1 caisse de confiture. 3 caisses de savon, 66 caisses de biscuits. Poids : 6.219 kilogs. Valeur : 9.554 fr.

2°. — 24 décembre 1915, un wagon contenant : 277 paires de galoches, 108 chemises, 144 paires de caleçons, 432 paires de chaussettes, 350 paires de chaussons, 25 caisses de conserves, 4 caisses de confitures, 4 caisses de chocolat, 2.080 kilogs de biscuits. 4 caisses de livres, 263 kilogs d'étoffes diverses pour réparer. Poids : 4.749 kilos. Valeur : 8.012 fr. 30.

3°. — 31 janvier 1916, un wagon contenant : 8 caisses conserves noix de jambon, 11 caisses de pâtés de foie, 263 kilogs de lard, 10 caisses de pâtes alimentaires, 8 caisses de sardines, 2 caisses de morue, 2 caisses de chocolat, 2 caisses. de chaussons, 3 caisses de livres. Poids : 2.151 kilogs. Valeur : 4.657 fr. 55.

4°. — 14 mars 1916, un wagon contenant : 58 caisses conserves diverses, 760 kilogs de biscuits, 1 caisse de savon, Poids : 13.119+2.940 kilogs. Total : 16.059 kilogs. Valeur : 22.253 fr. 35 + 6.676 fr. 20. Total 28.930 fr. 05.

Le Président du Comité de ce camp était M. Jean Colona, qui s'est acquitté de sa mission avec le même zèle, le même dévouement et la même méthode que nous avions constatés à Quedlimburg.

Ayant eu l'occasion de revoir aux armées M. Colona, nous avons appris de lui que nos envois avaient été justement appréciés.

Le camp d'Erfurt fut dissous au mois de février 1916.

CAMP DE BRETEL (Bremen)

Dans ce camp le nombre des prisonniers nécessiteux n'étant pas suffisants pour justifier des envois par wagon, nous nous bernions à y envoyer des colis postaux à l'adresse du Président du Comité de secours.

C'est ainsi que nous y avons envoyé, jusqu'à sa dissolution 1.682 colis pour un poids de 8.400 kilogs et pour une valeur de 13 800 francs.

***

Lorsque l'armistice est survenu et que nous avons dû cesser nos envois tant collectifs qu'individuels il nous restait en magasin des approvisionnements relativement considérables puisqu'il était toujours nécessaire d'avoir un stock suffisant pour assurer les expéditions journalières.

Nous avions dès le 9 novembre 1918, proposé à l'Administration d'envoyer d'urgence ces produits pour ravitailler au passage nos prisonniers rapatriés.

Ce ne fut que le 9 décembre suivant que M. le Sous-Secrétaire d'Etat à la Justice militaire nous a invité à expédier immédiatement au bureau de secours à

Berne toutes les marchandises disponibles et le 18 décembre, nous conformant à ces indications, nous faisions convoyer à Berne, par un de nos collaborateurs, deux wagons pesant ensemble 22.405 kilogs pour une valeur approximative de 106.000 francs.

M. le Sous-Secrétaire d'Etat voulait bien par sa lettre du 23 décembre nous écrire :

J'ai l'honneur de vous accuser réception de la lettre en date du 19 décembre par laquelle vous avez bien voulu me donner connaissance des dispositions prises par vous pour mettre à la disposition du bureau de Berne les denrées alimentaires dont votre Œuvre disposait par suite de l'armistice.

Ces dispositions sont exactement conformes aux vues de mon Administration et je ne puis que remercier le Syndicat d'Initiative du Forez de la promptitude avec laquelle il a répondu à mon attente et des heureuses mesures qu'il a prises dans la circonstance.

*
* *

C'est ainsi que s'est terminé notre Œuvre d'envois de secours collectifs.

En résumé nous avons expédié à ce titre :

A Quedlimburg, 160.795 kgs pour une valeur de :			273.171 75
A Erfurt 10.059	—	—	28.930 05
A Bretel 8.400	—	—	13.800 »
Envoi à Berne 22.405 . . . . (du solde)			106.000 »
A cela il faut ajouter 22.000 kilogs de biscuits que nous avions en magasin lorsque survint l'interdiction d'envoi de biscuits par les Œuvres privées et que nous avons expédiés à la Fédération Nationale . . . . mémoire			
Totaux . . . . . . 229.659 kilogs			421.901 80

Secours individuels

Dans ce compartiment nous avions la charge de secourir les prisonniers nécessiteux de tout le département de la Loire.

Ainsi que nous le disions plus haut: au début notre Œuvre envoyait aux prisonniers qui nous écrivaient, quel que soit le département dont ils étaient originaires, ce qu'ils nous demandaient, et ce ne fut que plus tard que le rôle de chaque Comité départemental fut nettement déterminé et restreint à secourir les prisonniers qui étaient domiciliés dans le département lors de la mobilisation; une entente intervenait entre nous et les divers Comités du département et notre Œuvre secourait chaque prisonnier dans la limite qui nous était indiquée par ces Comités.

Comme nos secours devaient être évidemment réservés aux prisonniers nécessiteux nous avons dû procéder sur la situation de chacun d'eux à une enquête sommaire; des questionnaires étaient envoyés pour chacun d'eux aux Maires de leur commune respective et c'est au résultat de ces enquêtes que nous inscrivions les prisonniers dans une de nos deux catégories.

Ce fut un gros travail car il a fallu instituer ainsi environ CINQ MILLE enquêtes; nous sommes heureux de constater que MM. les Maires se sont toujours empressés de nous fournir les renseignements que nous sollicitions d'eux, facilitant ainsi grandement notre Œuvre difficile.

Notre préoccupation constante a été de n'omettre aucun prisonnier qui nous était signalé et, cependant il y a eu quelques-uns d'entre eux qui n'ont pas été secourus par nous; cela tient à diverses raisons dont la principale est que ces prisonniers ne nous avaient été signalés ni par leur famille, ni par les Comités, ni par les Maires, ni par les Comités de secours fonctionnant dans les divers camps; quelques uns d'entre eux nous auraient disent-ils écrit, mais trop souvent hélas ! les lettres des prisonniers ne nous parvenaient pas.

Ce que nous tenons à affirmer de la façon la plus certaine c'est qu'aucun prisonnier n'a été volontairement omis.

Nos secours étaient de deux sortes :

D'abord les secours en vivres si nécessaires pour leur permettre de résister aux privations endurées, ensuite les sous-vêtements de toutes natures et les chaussures ; pour les chaussures nous avions dû nous borner à envoyer des chaussures réformées de l'armée et réparées ; à cela il y avait deux raisons : d'abord nos ressources ne nous auraient pas permis d'envoyer des chaussures neuves dont le prix allait croissant chaque jour et, ensuite, les chaussures neuves tentaient trop les allemands et nous avons été appelés à constater qu'une grande partie des chaussures neuves envoyées par les familles étaient volées et ne parvenaient pas aux intéressés.

Dans les premiers mois de notre fonctionnement les colis envoyés étaient d'une valeur pouvant varier de 6 à 7 francs puis le prix de toutes choses ayant augmenté nous faisions des colis d'une valeur uniforme de 10 francs (à quelques centimes près) que nous nous attachions à composer de la façon la plus rationnelle possible. Chaque colis contenait quelques boîtes de conserves, le plus souvent du bœuf, des pâtés, des sardines ; pendant longtemps nous avons pu y joindre du saucisson ; dans tous les camps où les prisonniers pouvaient faire cuire leur repas nous nous attachions à envoyer du lard, des graisses, des légumes secs, des farines, et des pâtes alimentaires, lorsque nous pouvions nous en procurer : nous remplissions les vides des colis par des châtaignes blanches tout particulièrement goûtées par nos prisonniers.

Nous nous sommes attachés à soigner tout particulièrement l'emballage de nos colis ; chacun d'eux était contenu dans une boîte en carton ondulé ; celà constituait une dépense importante mais grâce à ceci nos colis pouvaient supporter les innombrables manipulations dans les gares françaises, suisses ou allemandes, et résistaient facilement à un voyage de plusieurs semaines.

*

Le nombre des prisonniers par nous ainsi secourus variait à chaque instant : en fin d exercice ce nombre dépassait 4.000.

Les envois de *colis de vivres* à ces prisonniers se sont élevés, depuis qu'une comptabilité exacte en a été tenue, à CENT VINGT MILLE CINT CENT QUATRE VINGT (120.580 colis).

Nous avons envoyé 4.307 colis de sous-vêtements pour une valeur de 76.205 francs et 5.364 colis de chaussures pour une valeur de 32.287 francs.

*

L'autorité militaire nous remettait les vêtements militaires et, en dehors des envois collectifs faits dans les camps secourus par nous, nos expéditions ont été les suivantes :

Capotes.	6.270
Pantalons.	7.203
Vestes.	1.213
Képis.	77.073

Soit :   21.849 pièces de vêtements outre les bandes molletières et les bonnets de police.

Chacun de nos colis était accompagné d'une carte d'envoi avec "volet" pour l'accusé de réception.

Dès que ces accusés de réception nous parvenaient nous nous hâtions, au lieu de les conserver, de les envoyer aux familles ; c'était pour ces dernières un puissant réconfort, d'abord parce que c'était pour elles une occasion fréquente d'avoir des nouvelles de leurs

malheureux exilés et, ensuite de savoir que leurs prisonniers étaient régulièrement secourus ; nous estimons avoir ainsi contribué dans une large mesure à
maintenir intact le moral des familles de nos pauvres
prisonniers que les vexations allemandes tendaient
sans cesse à atteindre.

***

Les témoignages de reconnaissance et les remerciements que nous avons reçus sont innombrables ;
sans parler des dizaines de milliers de cartes postales,
nous avons 31 dossiers contenant chacun 300 lettres
de remerciements ; 2.149 prisonniers rapatriés sont
venus nous voir et témoigner leur reconnaissance.

Nous nous garderons de faire un choix parmi elles ;
qu'il nous suffise de signaler que le bureau de secours
de Berne nous transmettait un rapport d'un président
de Comité de secours d'un camp d'internement d'où
nous extrayons :

Je voudrais qu'une plume plus autorisée que la mienne
puisse rendre hommage au Syndicat d'Initiative du Forez.
D'après les constatations faites par mes soins les prisonniers
du département de la Loire ont été plus favorisées grâce à
cette Œuvre.

Et Mme Herriot qui présidait à Lyon l'Œuvre
d'assistance aux prisonniers du département du Rhône
voulait bien nous écrire :

Ayant eu l'occasion il y a quelques temps de voir
Monsieur le Préfet de la Loire je l'avais chargé de vous dire
que tous les infirmiers rapatriés, interrogés par nous à leur
passage à Lyon avaient été unanimes à déclarer que les
deux Comités départementaux qui fonctionnaient très bien
étaient ceux de la Loire et du Rhône.

Si nous publions ces documents suggestifs c'est
moins pour en faire à nos Œuvres un titre de gloire
que pour montrer à nos bienfaiteurs quel usage nous
avons pu faire de leurs dons généreux et c'est à eux
surtout que s'adressent ces témoignages de reconnaissance.

Envois payés par divers Comités
ou par les familles

De nombreux comités d'assistance aux prisonniers : comités ouvriers, comités patronaux, et même comités extérieurs à notre département, sachant que nos achats en gros nous permettaient d'obtenir des prix réduits et de faire pour une somme de dix francs des colis réellement intéressants se sont adressés a nous.

Nous avons grand plaisir à constater que les Comités qui s'adressaient à nous recevaient de leurs prisonniers des lettres témoignant leur satisfaction unanime.

De très nombreuses familles ainsi nous chargeaient de confectionner pour leurs prisonniers des colis payés et, comme le nombre de ces colis n'ont cessé d'augmenter jusqu'au jour de la Victoire, nous sommes fondés à constater encore que ces colis judicieusement composés donnaient à nos prisonniers le maximum de secours et de satisfaction.

Envois par les Familles

Nous estimons que, plus encore que par l'organisation des secours individuels et collectifs, le plus grand service que nous avons pù rendre à nos prisonniers de guerre, c'est d'avoir organisé dès la première heure, un service spécial d'envois des colis préparés par les familles.

Au début surtout, la complexité de formalités, la difficulté insurmontable pour beaucoup de familles de rédiger les adresses compliquées, dans une langue inconnue, faisaient qu'un trop grand nombre de colis n'arrivaient pas à destination ; d'autre part la confection matérielle des colis laissait trop souvent à désirer ; ces colis se défaisaient en route et un nombre considérable ne dépassaient pas la gare de Genève ainsi que nous l'avions malheureusement constaté.

Les familles risquaient, en présence de cette situation, de se lasser d'envoyer des colis qui n'arrivaient pas.

Chaque jour notre personnel dévoué de dames et de demoiselles s'occupait à rédiger les adresses, à vérifier et compléter s'il y avait lieu l'emballage des colis, afin d'assurer leur bonne expédition.

Pendant longtemps chaque jour une voiture mise gracieusement à notre disposition par M. P. Petit, Directeur de la Société des houillères de Saint-Etienne venait prendre les colis pour les porter au bureau de la Compagnie P.-L.-M. place Marengo; cela nécessitait un double transbordement des paquets, nous avons pu obtenir par la suite de fonctionner dans nos magasins comme une véritable gare; les colis étaient étiquetés par nos soins et un fourgon de la Compagnie des chemins de fer venait les enlever chaque jour.

Si on veut bien considérer que dans les derniers mois d'existence de notre Œuvre il partait de chez nous journellement 360 à 400 colis on verra quel travail incombait, soit comme manutention, soit comme écritures à nos collaboratrices du magasin; d'autant plus que chacun de ces colis étaient aussi accompagné d'une carte d'envoi avec « volet » pour la réponse.

Ces réponses étaient, dès leur réception, transmises aux familles et c'était là encore un moyen de leur donner de plus fréquentes nouvelles de leurs prisonniers, parce que dans certains camps et à certaines époques, ces accusés de réception ne comptaient pas pour le nombre de correspondances autorisées par les Allemands.

∴

Le total de ces colis de toutes natures partis de nos magasins dépasse et de beaucoup le chiffre de 400.000.

Chacun de ces colis pesant en moyenne
4 kg. 500 gr. c'est ainsi un poids
approximatif de *Un million huit cent
mille kilogs* (1.800.000) . . . .   1 800.000   »

Si on ajoute à ce chiffre le poids des
envois collectifs. (Voir plus haut) . .   220.650   »
                                          _____
On obtient un total de . . . .   2 020.650   »

Soit en chiffres ronds *Deux millions de kilogs, Deux
mille tonnes.*

De quoi charger *Quatre cent wagons de Cinq* tonnes
et tout cela a passé par les mains de nos Collaboratrices du magasin !

∴

Le personnel nécessaire à ces manipulations était
notamment composé de huit femmes payées et de
douze à treize collaboratrices volontaires.

Pour les grosses manutentions nous embauchions
de préférence des soldats permissionnaires originaires
des régions envahies qui trouvaient ainsi à s'occuper
pendant leur permissions et emportaient ainsi un peu
d'argent à leur départ.

∴

Ce chapitre a été doté (compte arrêté du
15 mars 1919, mais susceptible de
quelques rectifications lors de l'arrêté
définitif de nos comptes) de la somme
totale de *Un million quatre cent vingt
cinq mille quatre cent soixante cinq
francs* (1.425.465 francs) . . . .   1.425.465   »

Si, à cette somme on ajoute les dépenses
pour secours collectifs 421.901 80
                                          _____
On trouve que les dépenses pour secours aux prisonniers se sont
élevées à 1.847.366 80

Nous aurions désiré faire figurer dans cette notice les résultats obtenus par les divers Comités de notre département avec lesquels nous avons marché d'accord pour faire ressortir l'effort fait dans notre département pour venir en aide à nos prisonniers de guerre. malheureusement un grand nombre de ces Œuvres ne nous ont pas communiqué leur rapport et, de crainte de commettre des omissions regrettables nous préférons nous abstenir.

Quoiqu'il en soit, des renseignements recueillis, il ne semble pas excessif d'évaluer à près de *Trois millions de francs* le total des secours envoyés par les divers Comités du département de la Loire à nos prisonniers de guerre.

Nous sommes heureux de signaler ici que sur l'appel que nous avions adressé à nos compatriotes nous avons pu procurer des « Marraines » à 563 prisonniers et principalement à des prisonniers des régions envahies.

Nous croyons devoir signaler ici que pour faciliter la correspondance des familles avec leurs prisonniers et ayant constaté que les lettres trop longues ou mal écrites ne leur étaient généralement pas distribuées, nous avons fait éditer des cartes postales spéciales, portant toutes les indications de nature à simplifier les mentions à inscrire sur les adresses.

Nous cédions ces cartes postales à prix coûtant et c'est par plusieurs centaines de mille que nous les avons ainsi vendues.

Nos opérations se sont terminées par une magnifique réunion organisée le 19 janvier 1919, dans la grande salle de la Bourse du Travail sous la présidence de M. Jean Neyret, maire de la ville de Saint-Étienne en présence des autorités civiles, militaires et religieuses.

Un compte-rendu sommaire y fut fait des opérations du Comité fédéral départemental d'assistance aux prisonniers.

Une généreuse artiste qui n'a cessé de mettre son grand talent et son dévouement à la disposition de toutes les Œuvres patriotiques Mlle Germaine Laurent, y prêtait son gracieux concours.

Nous eûmes le plaisir d'entendre un de nos compatriotes prisonnier rapatrié d'Allemagne qui voulu bien se faire vis-à-vis de nos Collaborateurs de la ville de Saint-Étienne et de tous ceux dont la générosité nous avait permis de remplir notre mission l'interprète de la reconnaissance de tous ses camarades.

A cette réunion fut à l'unanimité voté l'ordre du jour suivant :

ORDRE DU JOUR :

Les prisonniers de guerre rapatriés, assistés de leurs familles, réunis à Saint-Étienne au nombre de plus de 1.200.

Adressent à leurs Camarades des Armées Françaises et Alliées, qui les ont libérés et qui plus heureux qu'ils ne le furent eux-mêmes, ont continué jusqu'à la Victoire leurs actions glorieuses l'hommage de leur admiration et de leur reconnaissance.

Saluent respectueusement le Grand Français Georges Clemenceau et le Maréchal Foch, commandant suprême des Armées Alliées.

Demandent au Gouvernement Français et aux Gouvernements Alliés d'obtenir lors du traité de paix :

1°. — Que leurs tortionnaires allemands soient soumis à une juridiction pénale qui leur infligera le châtiment dû à leurs forfaits.

2°. — Que l'Allemagne et ses complices soient tenus de rendre à la France les corps des malheureux prisonniers morts sur la terre ennemie au cours de leur captivité.

Et lèvent la séance au cri de :

Vive la France Immortelle.

Il est bon de rappeler ici que, lorsque survint l'interdiction par les Allemands, d'envoyer du pain ou du biscuit à nos prisonniers, se créa la « Fédération Nationale d'assistance aux Prisonniers » et dont M. le baron d'Anthouard était le président.

Cette Fédération avait la charge d'envoyer collectivement le pain ou le biscuit qui devaient permettre à nos prisonniers de supporter les privations qui leur étaient imposées.

M. L. Mathieu avait été appelé à faire partie du Conseil d'administration de cette Fédération.

L'Œuvre de la Fédération fut immense; elle a dû envoyer chaque année en Allemagne plus de 45 millions de kilogs de pain ou de biscuits.

Services des renseignements

Ce service comprenait six chapitres :

A) — *Recherche des disparus.*

B). — *Demandes de nouvelles de prisonniers dont la correspondance était en retard.*

C). — *Relations des prisonniers avec leurs parents aux armées.*

D). — *Renseignements sur les prisonniers des régions envahies.*

E). — *Recherches dans l'intérêt de nos soldats, de leurs familles évacuées ou rapatriées.*

F). — *Correspondance avec les régions envahies.*

A). — Recherches des Disparus

C'est à la demande de M. Jean Neyret, maire de la ville de Saint-Étienne que nous avons organisé ce service.

Au cours de cette longue guerre et surtout pendant les premiers mois de sa durée, de nombreux soldats ont disparu sans que les familles puissent être avisées de leur sort.

A ce moment s'était créée la « légende des médailles » ; on disait que la mairie de Saint-Etienne avait reçu un nombre énorme de médailles d'identité de soldats tués et qu'elle se gardait bien de communiquer aux familles ces renseignements ; c'était une erreur évidente ; les municipalités n'avaient que les renseignements que lui communiquaient les autorités militaires et elles ne retardaient pas de porter ces renseignements à la connaissance des familles quelques cruels qu'ils puissent être.

Il y avait là une œuvre de grande charité à remplir ; nous avons trouvé des concours dévoués et précieux qui nous ont permis de recueillir de très nombreux et très importants résultats.

Partant de cette idée très simple que les soldats sur le sort desquels on ne pouvait recueillir aucun renseignement étaient de ceux qui avaient disparu au moment du recul de nos troupes, soit qu'ils aient été faits prisonniers, soient qu'ils aient succombé, nous avons pensé que ceux qui pouvaient le mieux, et presque seuls donner ces renseignements étaient les prisonniers de guerre qui se trouvaient à côté des disparus ; c'est à ceux-là que nous nous sommes adressés.

Nous dressions par régiments et par ordre alphabétique la liste de ces disparus, nous les répandions dans les divers camps de prisonniers en Allemagne et nous adressions ces listes principalement aux prisonniers de guerre faisant partie des dits régiments.

Cette procédure que nous avions été les premiers je crois à employer ; (nos premières listes sont parties vers le commencement d'octobre 1914 et la première réponse reçue nous est parvenu le 20 novembre 1914) nous a valu, du premier coup, d'étonnants succès.

**

A ce moment les disparitions étaient récentes, les souvenirs des prisonniers étaient encore frais et chaque liste qui nous étaient retournée nous parvenait avec un grand nombre de réponses.

Les prisonniers alors ne donnaient que très tardivement de leurs nouvelles et nous eûmes la grande satisfaction de rassurer de très nombreuses familles en leur faisant connaître que ceux qu'elles cherchaient étaient prisonniers.

Malheureusement nous apprenions aussi de trop nombreux décès de nos soldats et nous avons eu le douloureux devoir de porter ces décès à la connaissance des familles si douloureusement éprouvées; nous faisions ces communications avec les plus grands ménagements et les plus expresses réserves en spécifiant bien que les renseignements ainsi donnés n'avaient rien d'officiel et que nous nous bornions à les transmettre tels que nous les recevions.

Et cependant, grâce au dévouement des collaborateurs chargés de ce service délicat, à la méthode qu'ils employaient, aux précautions qu'ils prenaient, aucune erreur n'a été commise malgré les milliers de renseignements donnés.

Nous avons ainsi recueilli des renseignements *définitifs* sur 41 % des soldats recherchés.

Mais, en outre, nous avons reçu sur un grand nombre d'autres soldats des renseignements que nous ne considérions pas comme définitifs mais qui, cependant, ne paraissent hélas, pas susceptibles d'être infirmés par la suite : c'est ainsi qu'un grand nombre de ces soldats nous ont été signalés « tombés », blessés grièvement et qui n'ont plus depuis donné signe de vie ; pour ceux-là nous ne nous sommes pas crus autorisés à les signaler comme décédés.

Les indications nombreuses que nous avions recueillies nous ont valu d'être priés par le Service des Renseignements au Ministère de la Guerre de lui en communiquer les résultats ; pendant plusieurs semaines leurs Secrétaires d'Etat-Major furent délégués dans nos bureaux pour relever ces renseignements, et, maintes fois, nous avons été appelés par le Ministère à fournir des précisions permettant d'établir des actes de décès.

*
* *

Au début ce service fonctionnait au compte général de nos Œuvres de Guerre ; en présence de l'extension qu'il avait pris nous avons, à deux reprises différentes convoqué à l'Hôtel de Ville les familles des disparus, et le 18 octobre 1916 au cours d'une de ces réunions présidées par M. Peuvergne, adjoint au Maire et au cours de laquelle M. Ch. Lallemand, Préfet de la Loire vint apporter à ces familles éplorées le salut et les consolations du Gouvernement de la République, nous créâmes le " Comité des familles des disparus de la 13ᵉ région militaire " et nous instaurâmes une comptabilité spéciale.

A l'heure où nous rédigeons cette notice ce compartiment a été doté d'un crédit de 9.236 fr. 55.

*
* *

Ce Comité s'est efforcé, sans malheureusement y réussir encore, à poursuivre la réalisation du légitime désir d'obtenir que des exhumations et des identifications soient faites partout où sont tombés nos glorieux soldats.

Tous nos sénateurs tous nos députés avaient appuyé notre demande ; à deux reprises différentes le conseil municipal de St-Etienne et d'autres assemblées municipales avaient voté des Ordres du jour approuvant notre requête.

Pour justifier notre action nous estimons devoir reproduire ici la lettre que nous écrivions le 21 juin 1917, aux diverses autorités compétentes :

A Monsieur le Ministre de la Guerre,
A Monsieur le Général, Commandant en Chef les Armées du Nord et de l'Est.
Monsieur le Ministre ou Monsieur le Général,

C'est au nom du « Comité des Disparus de la 13ᵉ Région

— 78 —

militaire » et parlant au nom de plus de neuf mille Familles de Soldats tués pour la Patrie, ou disparus que nous avons l'honneur de nous adresser encore une fois à vous.

A deux reprises différentes le 18 octobre 1916 et le 21 mars 1917 notre Comité a émis des vœux que le Conseil municipal de Saint-Etienne a fait siens par ses délibérations des 10 novembre 1916 et 11 mars 1917 et qu'ont également fait leurs le Conseil municipal de Roanne, Saint-Chamond et d'autres villes.

Ces vœux vous ont été transmis par tous les représentants de notre département soit, individuellement soit collectivement.

Nous rappelons qu'ils tendaient principalement à obtenir qu'il soit sans délai procédé aux exhumations des soldats tombés dans les régions évacuées depuis longtemps par l'ennemi et, principalement, dans le département des Vosges, de Rambervilliers à Baccarat et dans les communes voisines et dans la région d'Elincourt (Oise) où sont inhumés tant de soldats de notre région et à leur identification.

Subsidiairement nous demandions à connaître les raisons qui, au cas où les désirs si légitimes et si pressants des familles que nous représentons ne pourraient recevoir satisfaction, à connaître les raisons du refus qui nous serait opposé afin de pouvoir, le cas échéant, respectueusement les combattre et arriver, si possible, à faire rapporter cette décision.

A diverses dates, et notamment le 9 février 1917, nous étions informés, soit directement, soit par l'intermédiaire de nos représentants, que cette très intéressante et très importante question n'était pas perdue de vue par les services compétents; bercés par cette promesse qui a suivi la première transmission de nos vœux nous avons longtemps attendu, et, comme les jours passaient sans qu'aucune solution intervienne nous les avons, d'une façon plus pressante, renouvelés.

Ce rappel nous valut à nouveau les mêmes réponses le 16 mai 1917.

Entre temps et pour avoir des renseignements précis, nous avons, sur l'autorisation des Commandants d'Armées des régions intéressées envoyé des délégués à Elincourt (Oise) et dans les Vosges. Ces délégués ont rapporté de ces missions des renseignements précieux desquels nous nous bornons à retenir, pour le moment, la certitude que de très nombreuses tombes isolées ou groupées contenaient les corps de soldats non identifiés ; et que les mentions y étant apposées n'indiquaient même pas les régiments dont faisaient partie ces soldats.

Cependant dans certains endroits et notamment dans les

Vosges il n'a été procédé aux inhumations qu'après un recul considérable de l'ennemi, de telle sorte qu'il apparaît douloureux aux familles que de plus grands soins et de plus grandes précautions n'aient pas alors été apportés à ces inhumations.

Dans certaines localités les corps auraient été inhumés en leur laissant les médailles d'identité !

Plus tard, à un moment donné, de généreuses initiatives privées, M. Michaud, maire de Baccarat, assisté d'un collaborateur admirable M. Husson et M. l'abbé Colle, curé de Mesnil-Belvitte ont, pendant longtemps, procédé à des recherches et étaient arrivés à de très nombreuses identifications ; de telle sorte que dans ces deux communes de Baccarat et de Mesnil-Belvitte très rares sont les Morts qui n'ont pu être identifiés.

M. l'abbé Colle fut arrêté dans la pieuse mission qu'il s'était donnée et les choses sont restées dans l'état.

A divers moments quelques familles ont été sur place et ont pu reconnaître quelques-uns des leurs : à ce moment le Général Commandant en Chef a justement interdit ces exhumations particulières qui ne pouvaient être faites que par des familles aisées et créaient ainsi une inégalité choquante entre les mêmes et glorieuses victimes de la guerre ; il semble que c'est en suite de cette légitime interdiction, mal interprétée, que toutes exhumations furent interdites.

Nous étions donc restés sur les promesses ci-dessus rappelées, et nous étions en droit d'espérer que nos désirs allaient être exaucés, tout en regrettant que ce soit si tardivement puisque tout un automne, tout un hiver et tout un printemps — époque favorable à l'œuvre projetée — s'étaient écoulés, lorsque à la date du 3 juin 1917 nous avons été toujours directement ou par l'intermédiaire de nos représentants, avisés que le Commandement suprême s'opposait à ces identifications.

Notre douleur est grande, la surprise des familles intéressées sera douloureuse, d'autant plus que nulle raison, malgré nos supplications, ne nous est donnée à ce refus survenant brutalement après les promesses sus rappelées et après une si angoissante et si longue période d'attente.

Nous nous trouvons dans l'impossibilité de remplir le mandat sacré que nous avions reçu de tant de familles désolées.

Et cependant nous estimons de notre devoir le plus étroit de ne pas renoncer encore à remplir ce mandat.

A défaut des raisons qu'on refuse de nous donner de cette réponse négative nous tentons de les prévoir ou de les deviner ;

elles nous paraissent pouvoir être les suivantes : nous gar°
dant bien de croire à quelques-unes qui nous ont été suggérées
sur les lieux.

I. — L'impossibilité de trouver le personnel compétent,
dévoué pour y procéder et les ressources nécessaires.

II. — Leur tardiveté rendant impossibles les recherches
utiles et les identifications.

III. — Les dangers que peuvent faire courir à l'hygiène
ces opérations dans les lieux habités.

IV. — Le danger que peuvent courir ceux qui y procéderont.

V. — Les inconvénients qu'il pourrait y avoir à procéder
à ces exhumations à proximité de cantonnements de nos
troupes qui n'ont que trop souvent de douloureux spectacles
sous les yeux sans y ajouter l'horreur de la vue de ces
opérations.

I. — Impossible de trouver le personnel compétent et
dévoué et dépenses nécessaires.

Nous offrons de recruter ce personnel, de le surveiller pour
que tout soit fait avec la décence et la piété qui s'imposent.

Nous offrons de faire le tout à nos frais ; sous tel contrôle
qu'il plaira à l'autorité militaire de nous adjoindre. — Bien
entendu nous procéderons méthodiquement sans faire aucune
préférence malgré toute suggestion qui pourrait nous être
donnée.

II. — La tardiveté de ces opérations et leur inutilité ; sans
que nous élevions de protestations contre un retard qui ne
nous est pas imputable et qu'il n'a pas dépendu de nous
d'éviter, nous nous déclarons prêts à abandonner les opérations dès qu'il sera constaté qu'elles sont sans intérêt pour le
but poursuivi d'identifications à moins que l'autorité estime
— ce qui nous paraît éminemment désirable — qu'il y a lieu de
grouper les tombes en certains endroits désignés pour les
soustraire aux dépréciations et rendre les terrains aux
cultures, ainsi qu'il a été fait et qu'il continue d'être fait en
maints endroits.

III. — Les dangers que peuvent faire courir à l'hygiène
publique des lieux habités.

L'Académie de Médecine a proclamé que le danger était
nul, nous estimons, en tous cas, que le danger est plus grand
de laisser les tombes en ces endroits et qu'il convient d'en
débarrasser les villages pour les soustraire aux profanations :
du reste, d'une façon générale, ainsi que l'ont constaté nos
délégués, les tombes sont plutôt rares dans les agglomé-
rations.

Et c'est au moment où ces villages en grande partie détruits ne sont encore guère habités qu'il convient d'y faire les opérations dont il s'agit, sans attendre que les populations y reviennent et y reconstruisent les maisons détruites.

Enfin toutes les précautions utiles seront prises pour éviter tout ce qui pourrait nuire à la santé des rares habitants présents.

Le contrôle que vous voudrez bien prescrire y veillera.

IV. — Le danger que pourraient courir ceux qui y procéderont.

Nous les munirons de tout ce qui peut les préserver des dangers qui, à part la mauvaise odeur n'existe pas.

Moustiquaires ajustés pour éviter les piqûres de mouches, gants en caoutchouc, produits antiseptiques et parfumés, au besoin masques spéciaux.

V. — Le danger de dépression pour les troupes cantonnées.

Nos délégués ont constaté et affirmé de la façon la plus absolue que les endroits où il s'agit de procéder à des exhumations sont absolument vides de troupes ; si, par hasard, dans quelques endroits des troupes venaient s'installer notre équipe se transporterait aussitôt ailleurs.

Cette raison est donc sans la moindre valeur.

Nous avons aussi tenté de prévoir toutes les objections, s'il en est d'autres nous n'avons pas su les trouver et ne pouvons par suite les détruire.

Nous avons pensé devoir vous soumettre ce trop long rapport, et notre Comité directeur a estimé qu'il devait jusqu'à votre réponse différer d'aviser les intéressés que leur demande était rejetée et qu'ils devaient renoncer à l'espérance de savoir où reposent ceux dont ils ont fait le sacrifice à la PATRIE.

Leur déception sera cruelle, leur émotion intense ; elles risqueront de se traduire, le moment venu, par de douloureuses et pénibles récriminations.

Pour nous, membres du Comité directeur, nous aurons le chagrin d'avoir vu nos démarches et nos efforts n'avoir abouti qu'à donner à nos mandants des espoirs qui auront été déçus.

Permettez-nous d'espérer cependant encore que notre respectueuse insistance, inspirée uniquement par le patriotisme le plus élevé et l'ardent désir d'assurer aux premiers soldats tombés à l'ennemi la sépulture digne de leur sacrifice et que, au vu de ce mémoire vous voudrez bien nous autoriser à faire ou tout au moins à tenter les identifications dont il s'agit dans les deux régions des Vosges et d'Elincourt (Oise)

À ce chapitre paraît devoir s'ajouter l'Œuvre que nous avons poursuivie pour contribuer à l'entretien des tombes glorieuses de nos soldats tombés en août et en septembre 1914, en Meurthe-et-Moselle et dans les Vosges; on sait que ce fut notre 13e corps d'Armée qui eut, sur ce point, l'honneur de défendre le seuil de la Patrie.

Nombreuses sont, là-bas, sur la terre Lorraine les tombes de nos compatriotes.

Au mois de juillet 1917, une délégation de nos Œuvres de Guerre, composée de Mlle de Lamberterie, de M. L. Mathieu, M. Sauvageon, M. Gonon, M. de Lamberterie fut, à ses frais, représenter à d'imposantes cérémonies à Baccarat et à Ménil-sur-Belvitte la Ville de St-Etienne et remettre à M. Michaud, maire de Baccarat, à M. Husson ouvrier aux cristalleries de cette Ville et à M. l'Abbé Collé curé de Ménil-sur-Belvitte un modeste témoignage de la reconnaissance de tant de nombreuses familles qui doivent à leur patriotique dévouement la douce et consolante satisfaction de savoir où reposent les corps de ceux qu'ils ont perdus.

A deux autres reprises en août 1917 et en août 1918 M. Louis Mathieu, a été chargé de représenter aux mêmes lieux et dans de pareilles circonstances les villes de St-Etienne, Roanne, le Puy et Montbrison.

Sur notre initiative les mêmes villes ont alloué des subventions pour permettre à MM. Michaud et Husson de protéger et d'orner les tombes de nos héros.

⁂

C'est encore le cas de signaler sous ce chapitre que s'est créée à Paris la Fédération des Comités de recherches des disparus, présidée par M. Prat, député de Seine-et-Oise, et nous croyons utile de donner ci-dessous un compte-rendu sommaire du Congrès tenu à Paris le 27 mars 1919 :

Ce Congrès, qui avait lieu dans l'immense salle du Trocadéro était présidé par M. le baron d'Anthouard, ministre plénipotentiaire, délégué du Gouvernement auprès de la Croix-Rouge française.

Plus de 5.000 personnes étaient présentes, Mme Raymond Poincaré et Mme P. Deschanel honoraient de leur présence cette réunion à laquelle s'étaient fait représenter M. Clémenceau, M. Wilson, M. Lloyd Georges, le Gouvernement belge, etc., etc...

M. L. Mathieu, un des vice-présidents de la Fédération, représentait le Comité des familles des disparus de la 13e région militaire et le Comité départemental de la Loire de Secours aux prisonniers.

M. Prat, député de Seine-et-Oise, président de la Fédération, a exposé le but de la réunion :

« Il s'agit, a-t-il dit, de prendre toutes les mesures utiles pour que le sort de nos 300.000 disparus soit enfin connu ; nous savons que de très nombreux soldats sont tombés entre les mains des Allemands et dont nous n'avons jamais pu connaître le sort. Comme à cette heure, il est malheureusement à peu près certain qu'il ne reste plus en Allemagne aucun de nos prisonniers, nous avons le droit d'exiger que cette nation nous fasse connaître ce qu'elle a fait de ces malheureux. Pour cela, il est indispensable que des missions soient envoyées partout en Allemagne pour enquêter d'une façon sévère sur tous les faits signalés ; pour que ces missions puissent accomplir complètement leur rôle, il importe qu'elles soient accompagnées de délégués des œuvres diverses qui se sont occupées de la recherche des disparus ; ces œuvres auraient à cœur de communiquer aux pouvoirs publics tous les documents qu'elles ont réunis. »

M. le baron d'Anthouard, après avoir rendu compte de deux voyages qu'il venait de faire à Berlin, a mis aux voix un ordre du jour conforme aux précisions que venait de donner M. Prat.

M. Mathieu, se faisant l'interprète d'un grand nombre de familles de disparus, a fait ajouter à cet ordre du jour la proposition suivante :

« Invite les pouvoirs compétents à faire dans le plus bref délai possible, procéder sur les champs de batailles, aux exhumations et identifications qui permettront de retrouver les traces d'un grand nombre de disparus, demande que les œuvres de recherches des disparus soient avisées des endroits et de l'époque où se feraient ces exhumations, afin qu'elles puissent s'y faire représenter, si besoin est, par des délégations et, en tous cas, aviser les familles intéressées. »

Cette adjonction à l'ordre du jour a été votée à l'unanimité.

B. — Demandes de Nouvelles de Prisonniers

Par suite de circonstances diverses, parmi lesquelles figure en premier lieu l'évidente mauvaise volonté des Allemands qui cherchaient tous les moyens de déprimer le moral des familles des prisonniers, des familles restaient longtemps sans nouvelles; elles s'adressaient à nous.

Nous avons organisé un service consistant à demander des nouvelles soit aux Commandants des camps de prisonniers soit aux Présidents des Comités français de ces camps soit à la Croix Rouge de Francfort.

Nous avons adressé : 1603 demandes ainsi faites et nous avons reçu 1.340 réponses.

C. — Relations des Prisonniers avec leurs Parents au Front

Il s'agit principalement des prisonniers originaires des régions envahies.

Ainsi qu'on le verra dans le paragraphe suivant nous nous étions procuré l'adresse de nombreux prisonniers originaires de ces régions.

Une de nos dévouées collaboratrices s'était, avec une merveilleuse méthode attachée à ce travail, et a su donner ainsi aux prisonniers ou aux soldats de leurs nouvelles respectives.

On sait, que par mesure de prudence et de sécurité il était interdit aux soldats de correspondre directement avec les prisonniers; notre intermédiaire prudent a permis à maints d'entre eux d'avoir des nouvelles si impatiemment attendues.

Sur 627 recherches effectuées de ce chef, notre collaboratrice a retrouvé et mis en relation avec les leurs, 582 prisonniers.

D. — Renseignements sur les Prisonniers des Régions envahies

Les prisonniers de ces régions tant militaires que civils étaient évidemment fort nombreux puisque c'est sur eux que s'était abattue la première ruée allemande.

Ces malheureux ne pouvaient correspondre avec leurs parents restés dans les régions occupées et ignoraient l'adresse en France de ces parents évacués ou rapatriés.

Par tous les moyens en notre pouvoir nous avons recherché ces prisonniers : plus de 8.000 fiches ont été établies rien que par les demandes de secours que nous adressaient ces malheureux délaissés ; puis ayant, pendant longtemps été autorisés à recevoir l'odieuse " Gazette des Ardennes " qui donnait les listes de nos prisonniers, un de nos collaborateurs, par un véritable travail de bénédictin, avait relevé les noms de tous les prisonniers de ces régions et établi ainsi plus de 60.000 fiches classées par ordres alphabétique.

Nous avons publié dans tous les grands journaux de Paris et de province l'existence de ces fiches, et c'est par centaines et même par milliers que nous avons pu faire savoir aux familles évacuées ou rapatriées ou aux mobilisés de ces régions que ceux dont ils étaient depuis longtemps sans nouvelles étaient prisonniers en Allemagne : nous n'en avons pas conservé le chiffre.

Mais si on parcourait les dossiers de lettres de remerciements on y verrait une énorme quantité de lettres émouvantes de pauvres gens nous témoignant leur gratitude pour leur avoir appris que ceux qu'ils

ne comptaient plus revoir après un si long délai
écoulé depuis le mois d'Août 1914, étaient encore
en vie.

E. — Recherches dans l'Intérêt de nos Soldats
ou des Ouvriers mobilisés
de leurs Familles évacuées ou rapatriées

Le ministère de l'Intérieur avait bien voulu nous
adresser les listes d'évacués et de rapatriés.

Dans la mesure où nos collaborateurs en trouvaient
le temps au milieu de leurs multiples occupations
nous avons pu donner un assez nombre de renseignements et pu, notamment, en donnant aux deman-
deurs les adresses de personnes des localités qu'elles
habitaient, leur procurer l'occasion d'avoir des nouvelles précises de chez eux.

F. — Correspondance avec les régions envahies

On conçoit avec quelle impatience nos soldats ou
bien les évacués, les rapatriés, les mobilisés des régions
envahies occupés dans nos usines recherchaient tous
les moyens d'avoir des nouvelles des leurs restés en
pays envahi.

Nous nous sommes ingéniés à leur en procurer.

Pendant de longs mois et par l'intermédiaire de
prisonniers dévoués et intelligents, nous avons pu
obtenir d'assez nombreuses nouvelles.

Une de nos collaboratrices s'était dévouée à cette
tâche et elle a obtenu des satisfactions nombreuses ;
le temps nous a manqué également pour relever le
nombre des nouvelles ainsi obtenues, il est important.

Dès que nous avons appris que, par l'intermédiaire
de la Croix-Rouge de Francfort on pouvait correspondre
avec les régions envahies, nous avons créé une organisation spéciale pour mettre les réfugiés, rapatriés,
mobilisés et soldats en relation avec leurs familles
restées dans les régions encore envahies.

Sur ce point encore nous avons la fierté d'avoir été parmi les premiers, sinon même les premiers, à organiser cette correspodance ; en effet, c'est à la fin du mois de février 1916 que ce service a commencé à fonctionner chez nous.

Confié à un de nos plus fidèles et plus méthodiques collaborateurs, ce service spécial nous paraissait le chef-d'œuvre de nos organisations.

On sait que les correspondances ainsi envoyées par l'intermédiaire de la Croix-Rouge de Francfort étaient limitées à vingt mots par message ; il était dons nécessaire de résumer en vingt mots les nouvelles que nous étions chargé de transmettre, et parfois c'étaient des lettres de plusieurs pages qu'il était nécessaire de résumer ainsi.

C'était un véritable travail de bénédictin.

Ces messages étaient rédigés sur des feuilles spéciales où une place était réservée pour la réponse.

Et ces réponses survenaient dans un délai relativement court.

Nous avons ainsi expédié 983 messages et avons eu la satisfaction de transmettre 846 réponses.

Ce serait encore une lecture profondément émotionnante que celles des lettres de remerciements de tant de pauvres gens à qui nous donnions des nouvelles de ceux dont ils étaient séparés depuis si longtemps.

Et ce fut pour nous un véritable chagrin de cesser ce service lorsque, l'Administration l'eut organisé à son tour.

A ces diverses œuvres nous avons joint :

1· *Un service de rapatriement des prisonniers de guerre* compris dans les conventions de rapatriement et d'échange ; 231 demandes ont été transmises dont la plupart suivies d'effets.

2· Par l'intermédiaire du Comité International de la Croix Rouge un service de demandes *de rapatriement de civils* restés dans les régions envahies : 837 demandes

ont été ainsi transmises ; nous ne savons combien ont
été suivies d'effets utiles, mais nous avons cependant
été avisés du retour d'un grand nombre de ceux que
nous avons fait réclamer.

Œuvre des Aveugles de la Guerre

Sous les auspices de M. Jean Neyret, maire de la
ville de Saint-Etienne, une de nos collaboratrices s'est
employée et continue à s'employer à imprimer des
livres système Braille, et à réunir des ouvrages en vue
de constituer une bibliothèque à l'usage des aveugles
de guerre.

Plusieurs centaines de volumes ont été déjà remis
à la mairie de Saint-Etienne et, au premier jour, nous
déciderons avec M. le Maire de quelle façon, la meilleure, on peut utiliser cette organisation.

***

A titre de mémoire nous rappellerons que M. le
Préfet de la Loire et M. le Maire de Saint-Etienne
nous avaient confié l'organisation de la « Journée
du 75 ».

On se rappelle quel fut le succès de la collecte
réalisée à cette occasion.

***

Comme conséquence de la notoriété qu'avaient
valu à notre Syndicat les œuvres diverses par lui
entreprises nous fûmes priés d'aider à la « collecte de
l'or » et au placement des emprunts nationaux.

Pour déférer à ce désir M. Louis Mathieu a donné
des conférences dans plus de soixante localités.

Ce fut dans nos bureaux et par nos soins que fut
faite la propagande du dernier emprunt, l'emprunt de
la Libération.

M. le Commissaire à l'emprunt à bien voulu nous adresser ses remerciements pour le concours ainsi donné.

***

Dans nos bureaux fonctionnent, en partie, les Services de la Ligue Française et de la Conférence au Village.

Nous avons, pour ces deux Œuvres de propagande patriotique, organisé un grand nombre de conférences et aussi la distribution d'innombrables tracts et brochures.

Nos Ressources

Ainsi qu'on le verra par le bilan qui sera publié à la fin de cette notice nos ressources diverses ont presque atteint la somme de DEUX MILLIOMS QUATRE CENT MILLE FRANCS, (2.400.000 fr.).

Quelle furent les origines de ces importantes ressources ?

En ce qui concerne « l'Œuvre des Soldats au Front » ces ressources soit en nature, soit en espèces, provenaient uniquement de dons et souscriptions privées.

Quant à l'Œuvre d'assistance aux prisonniers nous recevions de l'Etat des subventions comme tous les Comités départementaux ; nous avons aussi sollicité les subventions du département de la Loire et des diverses communes de ce département.

Mais c'est surtout de la charité privée que nous sont venues nos recettes.

Bien des groupements ouvriers, de nombreux patrons, chefs d'industrie, commerçants nous faisaient des versements périodiques nous assuraient des ressources et un budget presque régulier, mais néanmoins insuffisants pour faire face à nos charges.

C'est dans ces conditions que nous imaginâmes d'organiser une « Semaine d'Economie ».

Dans les derniers jours du mois de février 1917, nous adressions l'appel suivant :

Nos prisonniers de guerre, ceux que le sort des batailles, surtout dans les premiers jours de la ruée allemande, a fait tomber entre les mains impitoyables de l'ennemi, endurent les pires privations dans les odieux camps de concentration d'Allemagne.

Ils souffrent de la faim et ils mourraient des privations endurées s'ils ne recevaient de France ce qui leur est nécessaire pour résister, jusqu'au jour de la Victoire, à ces privations.

Si nous voulons voir revenir nos prisonniers autrement qu'à l'état de déchets humains, incapables désormais de toute énergie et de tout travail, il est indispensable de leur envoyer vivres et vêtements.

Le Comité Fédéral Départemental a reçu et accepté la mission de secourir tous les prisonniers *nécessiteux* du département ; il ne peut pas proportionner ses secours à ses ressources, mais il doit se procurer des ressources pour satisfaire à toutes ses charges.

Il a besoin de plus de 30.000 francs par mois. Cette dépense tend même à s'accroître parce que les ressources des familles s'épuisent et que la cherté des vivres que nous envoyons augmente.

Nous nous adressons une fois de plus à la générosité, au dévouement, à l'esprit de sacrifice de nos concitoyens.

Nous proposons une « SEMAINE D'ÉCONOMIES « qui commencera *dimanche, 4 Mars,* et se terminera *dimanche, 11 Mars.*

Qu'au cours de cette semaine chacun s'impose une gêne, une privation, un sacrifice se traduisant par une économie. Quelque gêne ou quelque privation que nous nous imposions pendant cette semaine nous ne souffrirons jamais autant que souffrent nos prisonniers depuis plus de 30 mois.

Nous n'indiquons aucune économie spéciale ; l'ingéniosité charitable des Foréziennes et des Foréziens saura bien y pourvoir et leur suggérer les plus profitables et les plus méritoires.

Industriels, commerçants, rentiers, propriétaires, prélevez sur votre superflu et même sur votre nécessaire.

Ouvriers, employés, songez que ce sont ceux des vôtres qui sont là-bas qui ont le plus besoin d'être secourus.

Enfants, faites l'apprentissage de la Charité et de la Solidarité.

Si les riches nous apportent ainsi quelques francs et les autres quelques centimes nous serons certains d'assurer le ravitaillement de nos prisonniers jusqu'au jour de la Victoire.

Son Eminence le Cardinal MAURIN, Archevêque de Lyon, a bien voulu s'associer à l'appel que nous adressons aux habitants de notre département. Il demande au Clergé de la Loire de prêter tout son concours à cette Œuvre patriotique.

Dans chaque localité les fonds ainsi recueillis seront versés entre les mains des Maires, des Curés, des Instituteurs, de toutes les personnes dévouées qui voudront bien s'en faire les collecteurs.

Ils enverront les sommes ainsi recueillies avec le bordereau qui leur sera retourné, pour leur décharge, avec un reçu.

On trouvera de ces bordereaux entre les mains des personnes sus-indiquées ou au Syndicat d'Initiative du Forez, 3, rue de la Préfecture, Saint-Etienne.

***

M. le Préfet de la Loire, M. l'Inspecteur d'Académie adressent respectivement aux Maires et aux Instituteurs d'éloquents appels.

Cet appel nous valut une recette de plus de 127.000 francs.

Encouragés par ce succès nous pensâmes que nous pouvions recommencer, et en décembre de la même année nous organisions une deuxième « Semaine d'Economie ».

Elle nous valut une recette de plus de 106.000 francs.

L'Initiative que nous avions eue d'organiser ce mode d'appel à la générosité fut suivie par nombre d'autres villes (Lyon, Toulouse, Rouen, etc...) qui nous demandaient de leur indiquer la façon dont nous avions procédé.

Nous avons appris que ces diverses villes avaient obtenu, elles aussi, de forts beaux résultats.

A la suite de la première de ces semaines nous en avons publié les détails d'organisation et les résultats

dans une brochure adressée à ceux qui avaient le plus
contribué à son succès.

Puis les sommes ainsi recueillies ayant été épuisées
nous avons songé à faire un nouvel appel sous la forme
du versement d'une demi-journée de salaires.

Voici l'appel que nous adressions aux habitants
de la Loire :

Au profit des Blessés,
Soldats et Prisonniers

Les Œuvres de Guerre qui, à Saint-Etienne, ont l'honneur
de relever de la Croix-Rouge Française, manquent de
ressources.

Qui se refuserait de leur en procurer ?

Quel est celui qui ne voudrait pas que les blessés continuent à être assistés, soignés, guéris et réconfortés dans les
Hôpitaux auxiliaires, où nul n'a passé sans en conserver un
souvenir de reconnaissance attendrie ?

Quel est celui qui voudrait que les Soldats et les Prisonniers cessent, au front et dans les Camps Allemands de
concentration, de recevoir, avec les paquets attendus, un
réconfort matériel et un souvenir ému de la France ?

Dans notre Département, nul ne pense ainsi.

Chacun entend que les Œuvres de Guerre de la Croix-
Rouge poursuivent leur mission bienfaisante et patriotique.

Ces Œuvres ont à faire face, avec leurs ressources per-
sonnelles, à des dépenses dont l'ensemble dépasse, chaque
mois, **100.000 francs.**

AUJOURD'HUI, ELLES ADRESSENT UN APPEL
SOLENNEL AUX HABITANTS DE LA LOIRE.

Le **22 JUIN** prochain, chacun doit apporter son aide
pour que Blessés, Soldats et Prisonniers continuent à être
soignés, secourus, guéris et réconfortés.

Ce jour-là, **22 JUIN**, Ouvriers, Patrons, Sociétés
Fonctionnaires, Négociants, Rentiers, Agriculteurs, etc.,
tous ont à faire un effort. Ils doivent abandonner une
somme qui, pour chacun, équivaudra, au moins à une
DEMI-JOURNÉE de son salaire, de son traitement, de
ses bénéfices ou de ses revenus.

L'abandon de la **DEMI-JOURNÉE** !... Qui ne voudra pas
donner la **730e PARTIE DE SES RESSOURCES AN-**

NUELLES en faveur des Blessés, des Soldats et des Prisonniers.

Qui hésiterait à faire ce léger sacrifice au profit de ceux qui le défendent et qui le sauvent?

Que celui qui aurait un doute interroge autour de lui les nombreux réfugiés qu'a recueillis le Département! Qu'il leur demande ce que ces réfugiés, en maisons, en meubles, en bonheur, ont perdu en comparaison de ce qui est sollicité aux heureux habitants de la LOIRE!

La Réponse est certaine : le 22 JUIN, sans hésitation, avec joie, par devoir patriotique, chacun abandonnera sa DEMI-JOURNÉE.

Dans chaque localité, les Fonds recueillies seront versés entre les mains des Maires, des Curés des Instituteurs.

Ils enverront à M. L. Mathieu, 3, rue de la Préfecture, à Saint-Etienne, les sommes ainsi recueillies avec le bordereau qui lui sera retourné, pour leur décharge, avec le reçu.

On trouvera de ces bordereaux entre les mains des personnes susindiquées, au *Syndicat d'Initiative du Forez*, 3, rue de la Préfecture, à Saint-Etienne, ou chez tous ceux qui, voulant bien se faire les Collecteurs de notre Appel, nous demanderont des listes de souscriptions.

***

Cette fois ce fut un véritable succès et les recettes s'élevèrent à la somme de : 232.000 francs.

En résumé la première semaine d'économie nous rapporta :

La somme de. 126.000
    La deuxième. 106.000
Le versement de la demi-journée
de salaire. 238.500

Soit ensemble plus de   470.000 francs.

Qu'ils nous soit permis ici de constater publiquement que nous avons trouvé la collaboration la plus dévouée et la plus utile au cours de ces diverses souscriptions auprès de MM. les Maires, de MM. les Curés et de MM. les Instituteurs et de Mmes les Institutrices tant publics que privés.

Chacun d'eux a rivalisé de zèle et c'est grâce à eux que nous avons obtenu d'aussi merveilleux résultats.

Nous avons été heureux de remettre à celles et à ceux qui nous avaient le plus aidé une plaquette artistique destinée à leur rappeler la reconnaissance de nos soldats prisonniers; cette plaquette avait été offerte par la municipalité de la ville de St-Etienne.

Frais généraux, Salaires

Nos bienfaiteurs ordinaires, ont bien le droit de savoir, dans quelles proportions leurs généreuses offrandes ont été absorbées par les frais généraux de nos Œuvres de Guerre.

Nous sommes justement fiers, de n'avoir dépensé de ce chef, que les sommes les plus modérées.

Tout d'abord nous constatons, que, nous n'avons pas dépensé un centime pour les frais de premier établissement; une partie du matériel necessaire, tables, chaises, etc., nous a été gracieusement fourni, par la mairie, et les quelques installations sommaires ont été faites à ses frais.

Le surplus du matériel a été constitué par des caisses, dans lesquelles nous recevions nos marchandises, et il faut avouer, que tout cela ne représentait, que de fort loin, une installation luxueuse, ou même simplement confortable.

* * *

Nos frais généraux se sont élevés à 53.604 fr. 90, ils comprennent notamment, les loyers, le chauffage, qui, nous à coûté fort cher au cours des cinq derniers hivers, en raison de ce que nos locaux séparés nécessitaient six appareils de chauffage. Les frais divers d'imprimés qui ont aussi constitué une grosse dépense, si l'on veut bien considérer, ainsi qu'on le verra ci-dessous près de 500.000 correspondances, que nous avons dû établir plus de 200.000 fiches diverses et que cet article comporte la confection des cartes postales, pour correspondances des familles avec leurs prison-niers dont nous avons parlé plus haut, les frais de port, élevés eux aussi ; cet article ne représente, que moins de 2 % de nos dépenses.

Salaires. — Cet article de dépenses, s'est élevé à la somme de 32.964 fr. 05, c'est-à-dire moins de 1 fr. 25 %.

Nous considérons cette dépense, comme la meilleure preuve du dévouement de nos Collaborateurs et de nos Collaboratrices, en effet, nos services de bureaux nécessitaient la présence constante de onze à douze personnes.

Le service du magasin était assuré, par plus de 25 personnes, employées à ces divers services et dont la plupart, nous donnaient tout leur temps. Nous ne rémunérions en moyenne, que deux dactylographes et six femmes chargées des gros travaux d'entretien et d'emballage.

D'un calcul simple à faire, il résulte, que si nous avions dû payer toutes les personnes nécessaires à nos services, nous eussions du dépenser, plus de 180.000 francs.

Nous devons signaler que le service de caisse et de trésorerie, était assuré par M. Col l'agent général du Syndicat d'Initiative, qui était rémunéré par ce Syndicat, en dehors des Œuvres de guerre et nous sommes heureux de constater que, malgré la complexité de ce service, le nombre considérable de pièces, de dépenses et de recettes, jamais une seule erreur n'a été commise.

**

Chaque année, au mois de septembre nous avons sollicité des Pouvoirs Publics, la vérification de notre comptabilité; en 1915 et en 1916, cette vérification a été faite par M. Pernot, conseiller de Préfecture, délégué par M. le Préfet et par M. Gabert, receveur municipal, délégué par M. le Maire de la ville de Saint-Étienne.

En 1917 et en 1918, la vérification a été faite par les soins de la Commission de contrôle des Œuvres de Guerre, qui avait délégué à ses frais M. Lebois, son président et M. Gaillard, directeur de l'Enregistrement.

Il nous plaît, de relater ici, un extrait du rapport de ces Messieurs du mois d'octobre 1917 :

Nous avons constaté que toutes les recettes, et toutes les dépenses, mêmes les moindres, sont bien portées sur le registre de caisse, avec leurs numéros de références, sur les divers livres, aucune erreur n'a été relevée.

Toute la comptabilité, fort bien comprise et présentant les opérations avec la plus grande clarté est parfaite et les livres et registres, sont tenus avec goût, sans ratures, ni surcharges et d'une façon qui ne laisse rien à désirer.

Nous nous sommes fait un devoir d'en féliciter M. Mathieu et ses comptables.

Si cette Œuvre à tant et si rapidement prospérée, et si elle a pû recueillir des sommes si considérables... cela tient à son excellente direction, et à la confiance qu'elle inspire.

Une nouvelle vérification de la comptabilité a été faite par la Commission de contrôle le 11 décembre 1918 d'où nous extrayons :

Le 11 décembre 1918, nous soussignés, Lebois, Inspecteur Général honoraire de l'Enseignement technique, officier de la Légion d'Honneur, et Gaillard, Directeur de l'Enregistrement et des Domaines du Département de la Loire, agissant respectivement en qualité de Président et de Membre de la Commission de contrôle des Œuvres de Guerre instituée par la loi du 30 mai 1916, nous sommes rendus à quinze heures au siège du Syndicat d'Initiative du Forez, pour procéder à la vérification de la comptabilité de la section des Œuvres de Guerre.

Ces Œuvres sont au nombre de quatre : 1° — Œuvre des

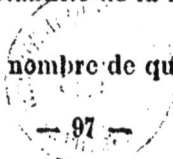

Soldats sur le front (envoi de sous-vêtements, provisions' jeux etc...)

2°. — Secours aux Prisonniers (1° secours individuels à tous les prisonniers nécessiteux du département qui ne sont pas secourus par une Œuvre locale, professionnelle ou confessionnelle ; 2° secours collectifs à des camps d'internement).

3°. — Recherches des soldats signalés disparus.

4°. — Mise en rapport des prisonniers internés en Allemagne avec leurs familles.

La vérification de la caisse à laquelle il a été tout d'abord procédé a fait ressortir qu'à la date de ce jour les recettes totales, arrêtées par nous, s'élevaient à la somme de 2.192.886 fr. 25 et les dépenses, également arrêtées par nous, à la somme de 2.080.926 fr. 25, faisant ainsi ressortir un reliquat actif de 111.959 fr. 85, concordant à 0 fr. 35 près avec le numéraire de 111.959 fr. 50, trouvé dans la caisse et y compris la somme de 106.000 francs montant du compte courant de la Banque de France...

Le contrôle a permis de constater que la comptabilité est très correctement et très clairement tenue.

Toutes les opérations de recette et de dépense, depuis les plus minimes et jusqu'aux plus importantes sont soigneuse-enregistrées, sans grattages ni surcharges et avec beaucoup de soin et de méthode.

Il est tenu deux registres : 1°. — Un registre Journal concernant l'ensemble des Œuvres autres que la recherche des soldats disparus et où se trouvent inscrites, jour par jour, et distinctement les recettes et les dépenses de toute nature; 2°. — Un registre spécial pour l'assistance aux prisonniers où sont reproduites en bloc toutes les indications du registre Journal en ce qui concerne cette Œuvre.

Toutes les pages sont numérotées, la caisse est faite tous les jours.

Toutes les recettes donnent lieu à des quittances extraites de carnets à souche contenant chacun 100 quittances.

La vérification par épreuve a permis de reconnaître que les indications de ces souches sont exactement mentionnées sur le registre *Journal*. Les dépenses sont toutes justifiées soit par des factures, soit par des bons signés par le secrétaire général. Toutes ces pièces sont revêtues d'un numéro d'ordre reproduit au registre Journal et le rapprochement d'un grand nombre de ces documents pris au hasard a établi leur concordance parfaite avec les écritures du registre Journal.

La grandeur de l'Œuvre réalisée par le Comité départemental de la Loire et des immenses services qu'il a rendus au cours de la guerre est attestée par l'importance de son budget qui atteint près de 2 millions 200.000 francs, par les 211.172 kilogs de colis adressés au camp d'Erfurt, de Bretel et de Quedlimburg, par les 303.814 colis individuels et par les 467.970 lettres ou correspondances parties de la Société.

Ces magnifiques résultats qui traduisent en chiffres éloquents les sentiments de générosité et de solidarité des patriotiques populations de la Loire, sont dûs en grande partie au zèle, au dévouement, à l'abnégation et à l'inlassable activité dont M. Mathieu, secrétaire général, n'a cessé de faire preuve pendant cette longue période et auquel la sous-commission de vérification s'est plû à rendre un hommage public et mérité.

Elle a également été heureuse d'associer à ce témoignage de gratitude M. Petit, Président du Syndicat d'Initiative, qui a puissamment contribué par sa haute autorité morale au développement et au succès des Œuvres d'assistance entreprise sous son égide, M. Col, agent général du Syndicat, qui s'est acquitté avec beaucoup de soin, de méthode et de probité de ses délicates fonctions de trésorier-comptable et, enfin tout le personnel qui n'a ménagé ni son temps ni sa peine et a apporté à M. Mathieu, un concours si précieux et si dévoué.

Fait à Saint-Etienne, le jour, mois et an susdit.

Signé : GAILLARD.   Signé : LEBOIS.

Service de la Correspondance
et Etablissement des Fiches

Nous nous sommes attachés à ne laisser sans réponse aucune des lettres reçues ; c'étaient, en effet, presque toujours des personnes désolées ou inquiètes qui s'adressaient à nous et nous avons estimé qu'il convenait de les rassurer ou de les apaiser dans la mesure où cela nous était possible.

Depuis le 1er janvier 1915 époque à partir de laquelle il en a été tenu note.

Nous avons reçu correspondances diverses   421.632

Les correspondances de toutes natures parties de nos Œuvres de Guerre se sont élevées à. 479.225

Formant ainsi un mouvement de correspondances de   900.857

Heureusement que nous avions, par décret spécial du 7 septembre 1915, obtenu la franchise postale sans quoi nos frais de poste se seraient élevés à une somme considérable.

***

Nous avons dû établir pour les divers services de nombreuses fiches de secours aux prisonniers (fiches de leurs noms classées par ordre d'envois, fiches alphabétiques, fiches d'adresses des familles ; recherches des disparus, (fiches par régiments et fiches par ordre alphabétique, fiches des décès). Plus de 60.000 fiches pour les correspondances avec les régions envahies ; fiches pour les demandes de nouvelles des prisonniers ; fiches pour les demandes de repatriement de prisonniers ou de civils, etc , il semble que le nombre de ces fiches, a dû s'élever à plus de 250.000.

***

Chaque jour, depuis la création de nos Œuvres, nous avons reçu, plus de 200 visites.

***

Ces jours derniers nous avons vendu et envoyé au pilon tous nos dossiers, toutes nos fiches et toutes celles de nos études devenues inutiles ; plus de 800 kilogs de papier ont été ainsi détruits et ce n'est pas sans un léger serrement de cœur que nous avons dû anéantir en quelques instants ce qui représentait le travail assidu de près de cinq années de guerre ; trois cent trente-et-un dossiers et correspondances classées et désormais inutiles ont été détruits.

La victoire mettait un terme à nos Œuvres de guerre, nous ne pouvions laisser se séparer nos collaborateurs sans les réunir une dernière fois et sans jeter un dernier regard sur l'Œuvre acccomplie.

Nous reproduisons ci-dessous l'article qui a paru dans les journaux le 13 novembre 1918 :

Mardi, à 4 heures du soir, les collaborateurs et collaboratrices des Œuvres de guerre du Syndicat d'Initiative se réunissaient au nombre de plus de soixante dix, dans le grand magasin de la rue Marengo, d'où sont partis tant de colis à destination de nos malheureux prisonniers de guerre.

M. le général Magnan, commandant d'armes, M. le Commandant du Dépôt du 38ᵉ d'infanterie, M. le Maire de la Ville de Saint-Étienne, M. Cachet, directeur de la Banque de France, avaient bien voulu honorer cette réunion de leur présence ; M. le Préfet de la Loire s'était fait excuser. La réunion fut ouverte par le discours suivant, prononcé par M. Petit :

Au cours de cette longue et terrible guerre, les Initiatives de notre Syndicat du Forez, momentanément détournées de leur objet statuaire ont été magnifiquement groupées, disciplinées, orientées par notre secrétaire général M. Mathieu, qui, avec un zèle infatiguable, une activité prodigieuse, une compétence hors pair, a su porter au plus haut point le développement et la prospérité de nos Œuvres de Guerre.

En cette heure joyeuse où une éclatante Victoire consacre le Triomphe définitif du Droit sur la Force, de la Civilisation sur la Barbarie, de la Liberté sur la Tyrannie et l'oppression et qui fait déborder d'une patriotique allégresse tous les cœurs même les plus cruellement meurtris, je considère comme une des plus douces prérogatives de mes fonctions présidentielles, d'adresser à M. Mathieu, à ses collaborateurs et collaboratrices dévoués, l'hommage empressé de notre reconnaissance attendrie, de notre enthousiaste admiration pour l'œuvre d'assistance qu'ils ont accomplie, et, pour tous les inestimables services qu'ils ont rendus à nos malheureux prisonniers de guerre et à leurs familles, comme s'ils s'étaient laissés inspirer et guider par la noble et touchante devise qu'évoquait dernièrement, M. Georges Clémenceau, l'organisateur de la Victoire : la France le veut, la France le veut.

Puis M. Jean Neyret, maire de la ville de Saint-Etienne, prononça cette courte allocution :

Mon cher Président, Mesdames, Messieurs, Mon cher Secrétaire Général,

J'ai le grand honneur de vous apporter les remerciements de la Ville de Saint-Etienne.

Après un souvenir de reconnaissance déposé au cimetière du Souvenir Français, sur la tombe de nos soldats qui ont donné leur vie pour la France, notre pensée si longtemps inquiète, se reporte sur ceux qu'un sort inconstant a fait prisonniers de nos ennemis.

Aux familles qui ont perdu les leurs, je m'incline devant vos chers morts, mon cher Président, mon cher Secrétaire Général, mon cher M. Notin, nous ne pouvons, le cœur brisé, offrir comme consolation que la pieuse admiration de la Patrie, et nous sentons bien que la joie Nationale de ce jour est faite, pour beaucoup, de sacrifices irréparables, de larmes amères qu'on tâche de refouler au fond du cœur.

A nos poilus, prisonniers de guerre, vous avez, Mesdames et Messieurs, donné sans compter, tout votre cœur, toutes vos forces, tout votre temps. En soulageant ces malheureux exilés, vous en avez sauvé un grand nombre ; soyez bénis.

La ville de Saint-Etienne aura à cœur de vous affirmer sa reconnaissance en une manifestation solennelle.

Nos poilus vont bientôt quitter la terre maudite de l'Allemagne pour rentrer dans la Patrie. Au milieu d'eux, au milieu de ces témoins de votre œuvre si belle, nous vous redirons les sentiments de gratitude de toute la population stéphanoise.

Enfin M. Louis Mathieu, l'administrateur de ces œuvres de guerre, après avoir remercié les hautes personnalités présentes et adressé à ses collaborateurs et collabotrices l'hommage de la reconnaissance de tous ceux qu'ils ont secourus, retraça en quelques mots le travail fait depuis plus de quatre ans et rappela que ces œuvres de guerre ont commencé à fonctionner le 28 août 1914, et que son œuvre d'assistance fut la première à fonctionner régulièrement, il dit que les sommes dépensées pour ces œuvres de guerre atteignent à cette heure plus de deux millions deux cent mille francs, que cette somme a permis d'envoyer en Allemagne trois cent trois mille colis individuels et, en outre, des secours collectifs à divers camps ; il a constaté que plus de un million six cent vingt mille kilogs de marchandises diverses avaient quitté ses magasins pour aller ravitailler nos prisonniers en Allemagne.

M. Mathieu a rappelé que les œuvres de guerre du Syndicat d'Initiative étaient les marraines des 25e et 120e divisions et qu'elles avaient la fierté de constater que tous les régiments de ces divisions avaient en quelques semaines accroché à leurs drapeaux la croix de guerre et la fourragère.

Il a prié le commandant du 38e de transmettre à son colonel l'hommage de l'admiration et de la reconnaissance de ses marraines de guerre.

Il a profité de cette réunion pour remettre à M. Albert Deschamps, de la Fédération des Comités de secours aux originaires des régions envahies et à M. Régis Astier, ses collaborateurs dévoués, une plaquette artistique destinée à commémorer leur dévouement.

Quelques coupes de champagne ont été vidées au milieu de la joie et de l'enthousiasme de toute les personnes présentes.

Le Comité d'aide matérielle et morale aux Démobilisés

Nous estimions nos Œuvres achevées par la Victoire et déjà s'étaient séparés nos collaborateurs après la réunion patriotique du 12 novembre dont nous publions ci-dessus le compte-rendu, mais M. le sous-secrétaire d'Etat à la démobilisation a encore fait appel au dévouement de ceux qui avaient collaboré aux Œuvres de guerre du Syndicat d'Initiative.

Ces derniers ont pensé qu'ils ne sauraient se soustraire à cette flatteuse invitation et, dissolvant le Comité fédéral départemental d'assistance aux Prisonniers de guerre, ils ont constitué le 10 février 1919, le Comité d'aide matérielle et morale aux démobilisés.

Ce Comité a fonctionné dès le lendemain de sa constitution à l'aide de fonds que l'armistice avait laissés disponibles ainsi qu'il a été rappelé plus haut.

A l'heure où cette notice est rédigée ce Comité a déjà employé 50.843 fr. 05 et secouru 240 démobilisés et a en cours d'enquête 328 dossiers.

Résultats financiers
des diverses Œuvres de Guerre
au 18 Mai 1919

Etat général des Recettes et Dépenses

RECETTES :

1· Œuvre d'assistance aux Prisonniers, et Œuvre "du Soldat au front", en espèces.	2.231.984,60
2· Œuvre "du Soldat au front" en nature, (évaluation).	170 000 »
(voir ci-dessus page 55)	
3· Œuvre de recherches des disparus et tombes militaires..	9.253,55
4· Comité d'aide matérielle et morale aux démobilisés..	59.543,05
TOTAL.	2.470.781,20

DÉPENSES :

1· Œuvre d'assistance aux Prisonniers et Œuvre du "Soldat au front" en espèces..	2.205.401,65
2· Œuvre du "Soldat au front" (emploi en nature du n° 2 des recettes)	170.000 »
3· Œuvre de recherches des disparus et tombes militaires	8.465,55
4· Comité d'aide morale et matérielle aux démobilisés	24.809,20
TOTAL.	2 408.676,40
Reste en caisse.	62 104,80

Nota. — La somme en caisse est à peu près absorbée par les dépenses engagées ou les factures à payer.

Compte spécial
de l'Œuvre d'assistance aux Prisonniers

RECETTES :

Diverses 1.934.645,80

DÉPENSES :

Frais généraux (loyers, assurances, chauffage, éclairage, transports, imprimés, réparations etc., etc.) 55.034,80

Dépenses d'achats d'aliments 1.453.695,70

—   —   sous-vêtements 78.080,65

—   —   chaussures 33.577,95

Frais d'emballage (caisses, boîtes en carton ondulé, papier, ficelles d'emballage, etc.). 140.372,65

Salaires divers 33.423,20

Subventions en argent aux Comités locaux ou à diverses œuvres 140.460,85

Total égal aux dépenses 1.934.645,80

Les Œuvres de Guerre.

***

Ainsi s'est terminée notre Œuvre d'assistance aux prisonniers et se continuent encore nos autres Œuvres : « Œuvre du Soldat au front, Œuvre de recherches des disparus et des tombes militaires, Comité d'aide morale et matérielle aux démobilisés ».

Si nous avons la légitime fierté d'avoir mené aussi bien que nous l'avons pu et jusqu'à la Victoire libératrice ces diverses Œuvres, si nous pouvons affirmer, sans fausse modestie, que nous avons rendu quelques services, nous devons proclamer hautement que tout cela a été fait grâce à l'inépuisable générosité de nos concitoyens, des habitants de la ville de Saint-Etienne et du département tout entier.

Jamais nous n'avons en vain fait appel à cette générosité et cela fut d'autant plus admirable qu'elle s'est toujours exercée anonymement, nous n'avons jamais publié la liste de nos bienfaiteurs; les noms de certains d'entre eux viennent au bout de notre plume et si nous résistons au plaisir de les publier c'est que nous ne savons lesquels choisir (les publier tous, nécessiterait des centaines de pages) car, à côté de dons importants et renouvelés, il y a des dons modestes et cependant bien touchants.

Que tous ceux qui nous ont ainsi aidés, veuillent bien trouver ici l'expression de notre reconnaissance et, je crois pouvoir le dire, l'expression de la reconnaissance de nos soldats, de leurs chefs, de nos malheureux prisonniers de guerre, de tous ceux en un mot, à qui, grâce à cette générosité, nous avons pu apporter aide matérielle et réconfort.

Nous avons l'agréable devoir de remercier M. Ch. Lallemand, ancien Préfet de notre département qui nous a fait le grand honneur de nous confier l'administration du Comité fédéral départemental d'assistance aux prisonniers et qui, ainsi que son successeur M. François n'ont cessé de nous témoigner leur bienveillance et leur appui.

C'est à M. Jean Neyret, maire de la Ville de Saint-Etienne, que nous devons d'avoir créé nos deux services de secours aux prisonniers de guerre et de recherche des disparus; M. le Maire de Saint-Etienne n'a jamais laissé passer une occasion de nous être utile ou même simplement agréable; combien de fois, lorsque nos ressources étaient sur le point de s'épuiser, nous avons été frapper à sa caisse, jamais nous n'en sommes revenus les mains vides et grâce à lui, nous avons pu, maintes fois, franchir une passe difficile.

Nous ne devons pas oublier la Presse locale :

Mémorial de la Loire, Tribune et *Loire Républicaine :* nous avons trop souvent encombré leurs colonnes de nos communications, et c'est grâce à leur bonne volonté et à l'accueil que ces journaux réservaient à nos communications que nous avons toujours tenu en éveil la générosité que nous venons de constater.

Enfin, nous avons le devoir pressant de remercier du fond du cœur nos collaboratrices et nos collaborateurs ; s'il en est parmi eux qui, pour des raisons d'obligations de famille ont été forcés de suspendre leurs collaborations (beaucoup de jeunes gens étaient venus à nous, la mobilisation les a appelés successivement aux armées), un grand nombre nous ont depuis notre création jusqu'au 11 novembre et même encore jusqu'à ce jour, donné *tout* leur temps, qui, pendant plus de 50 mois, chaque jour, matin et soir, sans un instant de défaillance se sont astreints à une besogne qui, pour quelques-uns d'entre eux, ont risqué à plusieurs reprises, d'excéder leurs forces.

L'intime fierté d'avoir accompli tout leur devoir est leur seule récompense.

Louis MATHIEU.

Principaux Collaborateurs des Œuvres de Guerre

<table>
<tr><td>Mesdames :</td><td>Mesdemoiselles :</td></tr>
<tr><td>

BASTIEN,
BERTHELET,
BLANQUET,
CONTOUX,
De LAMBERTERIE,
M. MATHIEU,
MORART,
PETITJEAN,
THIOLLIER,
ZUGNER.

</td><td>

Antoinette BERGEAT,
Denyse BERNON,
Blanche HASTINGS-BURROUGS, ✝
Yvonne CONTOUX,
Jeanne COULON,
Germaine FOUJOLS,
Louise De LAMBERTERIE,
Denyse NEYRET,
Fernande NEYRET,
Noélie PHILIP,
Marie PORTAL,
Catherine PLOTON,
Léa ROBERT,
Marguerite RODIER,
Noélie SERMAIZE.

</td></tr>
</table>

Messieurs :

R. ASTIER,
J. NOTTIN,
L. de LAMBERTERIE,
J. POIDEBARD,
Louis MATHIEU,
Capitaine SAUVAGEON.

Collaborateurs ayant eu interrompu leur collaboration : Mmes BOSMORIN-LASSEAU, CHALOT, Mlle GRIELEN, Mme DE SAINT-ROMAIN, Mme THÉVENON ; MM. BER-THION, CHANTELOUVE, GRIELEN, GUINARD, DE LAM-BERTERIE, PERRET, ces derniers, depuis, mobilisés aux armées.

www.ingramcontent.com/pod-product-compliance
Lightning Source LLC
Chambersburg PA
CBHW052047270326
41931CB00012B/2663